思考指導の要請

［圧縮版］

：「心理学・心理療法」終焉(デフォルト)の後に

中井 孝章 著

日本教育研究センター

目次（CONTENS）

序論――問題の所在………………… 1

第一部　心の因果律と理由律――圧縮版で学ぶ ……… 7

第二部　心の因果律と理由律（本編） …………… 35

Ⅰ．「正しい」心的因果律と理由律の要請 ……………………… 37

1．ABC 分析における因果律 ……………………… 37

2．一般の因果律と行動の因果律……………………… 41

3．実存的一回性としての真正の因果律…………… 43

4．真正の因果律と理由律……………………………… 46

（1）物的因果律についての解明

（2）心的因果律としての理由律

Ⅱ．当事者の理由分析とその支援 ……………………………… 53

――心理療法を超えて

1．当事者の理由分析の方法と支援態勢…………… 53

2．不登校当事者の思考指導――具体例に沿って……… 55

3．極限状況に置かれた当事者の行動選択………… 58

Ⅲ．精神分析における心的因果律…………………………………………63
——その批判的検討

Ⅳ．心理療法における心的因果律の批判的検討……………………69
1．医学モデルにおける因果律……………………69
2．心理療法における医学モデルの活用……………71
——因果律をめぐる問題点
（1）心理療法における医学モデルとその問題点
（2）心の言葉の問題点
（3）心理学概念の問題点
（4）小 括
3．例外としての情動の因果律と生理的因果律……82
——もう一つの「正しい」因果律

Ⅴ．因果律を放棄または改善する心理療法…………………………85
1．短期療法における原因論の放棄…………………85
2．アドラー心理学における原因論と目的論………86
3．家族療法における円環的因果律の制作…………91

補章　呪術的因果律……………………………………………………97

結 語………………101
文 献………………103
あとがき …………105

序論
――問題の所在

本書は，第一部のチャート式記述および第二部の詳細な論述という二部構成をとる。その前に，本書の執筆動機について述べることにしたい。簡潔に述べると，筆者はなぜ，本書を執筆するに到ったのかということである。したがって，序論は，第一部と第二部に共通するものとなる。

「どうして，私は対人関係がうまくいかないのか」，「なぜ，私は勉強（仕事）ができないのか」，「どうして，私は仕事が長続きしないのか」等々――私たちは日頃，言葉にしないまでも，何かうまくいかないとき，「どうして」，「なぜ」と自問する。そして，この，「どうして」，「なぜ」に対して「私は性格が暗いから（ネクラだから）対人関係がうまくいかないのではないか」，「私は頭が悪いから勉強（仕事）ができないのではないか」，「私はやる気がないから（自尊心が低いから）仕事が長続きしないのではないか」等々と自答する（そのことは，私からみて，他者［彼，彼女。彼ら］にもそのまま当て嵌まる）。

こうした何気ない自問自答，すなわち「どうして」，「なぜ」に対する「……だからうまくいかない」という答えは，私たちにとって心の問題の始まりであり，きっかけとなる（こうした自己分析・内省以前に，問題行動を起こしてしまっている場合も少なくない）。ところが，こうした自問自答のあり方は，そもそも，間違っているのではないか。しかも，私たちがそれを何度も繰り返すうちに，心の問題や問題行動は解決に向かうどころか，悪化の一途を辿る可能性が高い。

よくよく考えれば，「どうして」，「なぜ」といったいわゆる，原因追求の疑問には，「……だからうまくいかない」というように，「……だから」という「原因」と，「～のようになる」という「結果」の組み合わせから成る因果関係（本書では，「因果律」という概念で統一）が対応している。つまり私たちは，悩みや不安を持つなどいわゆる心の問題を抱え込むとき，原因追求を行い，自分なりの因果律を作り出している（むしろ，「どうして」「なぜ」と自問したことを放置しないのが普通であろう)。

見方を換えれば，原因追求の結果として作り出す因果律は，私たちにとって心が不安定なときや心に不満があるときなど，すなわち私たちが不全の状況や，先行きの見えない不確定な状況（以下，「不全・不確定状況」と略記）に置かれるとき，作り出されるのである。

総じて，私たちは何らかの心の問題，すなわち自らの心が不全・不確定状況に置かれるとき，必然的に因果律を作り出し，そのことで何とか，自分の心の安定を図ったり，悩みや不安を解消したりしようとするのである（因果律による感情処理)。では，こうした場合，私たちは「正しい」因果律を作り出せているのであろうか。実は，「正しい」因果律を作り出すことは，至難の業である。むしろ逆に，心の問題を悪化させる，「正しくない」因果律を作り出してしまうのが落ちであろう。

ところで，いま述べた，私たちが日常，心の中でつぶやく，心の悩みや不安，総じて私たちのネガティヴな心の声とは一体何であろうか。これについて，近年，E.クロスは重要な指摘をしている。結論から述べると，前述した「どうして，私は対人関係がうまくいかないのか」／「私は性格が暗いから（ネクラだから)」という自問自答形式の，ネガティヴな心の声の正体とは，「チャッター（頭の中のしゃべり声)」［Kross，2021=2022］である。むしろ，こうした自問自答は，複雑な因果律を省いて，「なぜ，私ってこうなのか」という具合に，簡素な形で言語変換されるのが通例であろう。

ところで，チャッターとは何か。それは，私たち人間が行う内省（反省）から生み出されるものである。周知のように，内省は私たち人間にとって進化の原動力となる高次機能であるが，それが意味を持つのは，感情制御（＝自制）された状態で行われた場合に限る。裏を返せば，内省が感情制御されていない状態で行われてしまうとき，チャッターを生み出してしまうのだ。むしろ，私たちは，個々のできごとや人間関係（上司とのやりとり，仕事や勉強のこと，恋愛のこと等々）において喜んだり，怒ったり，悲（哀）しんだり，楽しんだりしていて，その時々の感情に左右されやすい。その意味では，私たちにとって自制なき状態での内省こそ，常態なのだ。

繰り返すと，私たちは，感情制御（自制心）がうまく働かないときに，「どうして私はこうなのだろうか」や「どうせ私には能力がないんだ」など，自己の思考や感情に注意を向けることになる。そうであれば，私たちは自制なき内省によって多種多様なチャッターを生み出していることになる。

クロスが述べるように，「チャッターを構成するのは，『循環するネガティヴな思考と感情』だ。こうした思考や感情は，内省という素晴らしい能力を祝福ではなく呪いに変えてしまう。私たちの行動，意思決定，人間関係，幸福，健康を危険にさらすのだ。

私たちは仕事での失敗や恋人との諍いについて考え，最後には否定的な感情で頭の中がいっぱいになってしまう。それから，再びそのことを考える。さらにまたしても考える。私たちは内省によって『内なるコーチ』に助けを求めようとするが，それに代わって『内なる批評者』に出くわすのだ。」[Kross, 2021=2022：10-11]，と。

クロスがいみじくも述べるように，チャッターは「内なる批評者」もしくは，自己に対する「内なる批判者というモンスター」［Kross，2021=2022：52］である（なお，チャッターの出自について，クロスは，心理学者，B.B.ヴィゴツキーを持ち出して詳述しているが，これについて，筆者はすでに『注意散漫と注意集中の人間学』［中井，2023］の中で言及したので，本書では割愛したい）。そして，内省は，チャッターによって呪いと化すのでである。

しかも，チャッターは，自らの内なる声を用いてネガティヴな感情と思考を反芻することから，ときに精神疾患を起こす原因となる。「チャッターはさまざまな精神疾患の根底にある」［Kross，2021=2022：83］のだ。つまり，精神疾患をはじめ，私たちの心の悩みの根本原因となるのである。

さらに，ソーシャルネットワークの全盛期である今日，チャッターは，より一層，増加しつつある。その理由としてまず挙げたいのは，制御されていない内省が多くなることである。SNS 隆盛の時代では，他者とつながりすぎることの反動として，私たちは孤独の時間・機会（ソロータイム）を過ごすことを求めるあまり，内省（反省）する機会が多くなる。内省と孤独は，親和性が高い。こうして，SNS の普及は，私たちのチャッター問題をより深刻化させる元凶なのである(SNS の普及は，かえって自制化されない状態での内省を増やす機会になると思われる)。

こうして，本書の目的は，私たちが自分の心が不全・不確定状況に置かれるとき，どうすれば「正しい」因果律を制作することができるのかについて解明することにある。こうした目的を達成するためには，まずは，「正しい」因果律とは何かについて解明しておく必要がある。

ところで，筆者は，前述した，対人関係がうまくいかないとか勉強ができないなど，心の問題にかかわる因果律のことを特に，「心的因果律」，それ以外の，一般的な因果律のことを「物的因果律」と各々，名づけて区別している。本書では，あくまでも「心的因果律」の解明が中心となる。心的因果律といえば，幼少期のトラウマと関連づけられる，S.フロイトの心的決定論や J.ハーマンの記憶回復療法が想起されるが，筆者からすると，これらの精神分析が制作する因果律は明らかに「正しくない」。そうであるがゆえに，予め，「正しい」因果律および心的因果律について詳述した後で，あらためて，それを批判するという戦略を採る。こうした戦略を採らざるを得ないのは，精神分析が制作する因果律（心的因果律），さらには，思考上，明らかに間違っていると断言できるからである。その意味では，一般の心理療法・心理学が制作する因果律もまた，五十歩百歩である。

「正しい」心的因果律を制作する上で，筆者が手がかりとするのは，行動分析，特に応用行動分析の ABC 分析である。ただし，急いで付け加えると，ここで筆者は，ABC 分析をそのまま，活用するわけではない，むしろ ABC 分析から心理学上きわめて重要だと考えられる法則を抽出するだけである。筆者は，後述するように，応用行動分析が自ら重要な心理学上の法則を発見しながらも，行動科学としての地位を築くためにかえって，この素朴な，法則およびその意義を見失ってしまったと考えている。ただ，ABC 分析に対して筆者と同じ考えに立つ立場としては，ビジネスの専門書の中に散見される（たとえば，石田淳の行動科学の著書［石田淳，2016：50-52］）。

整理すると，本書は，次のことを順次，明らかにする。

一つ目は，「正しい」因果律とは何かについての解明である。

二つ目は，「正しい」因果律の制作法である。

三つ目は，「正しい」因果律に基づく思考指導のあり方である（本題にあるように，本書では「思考指導」という概念を心理療法の終焉に要請される概念として用いている）。

四つ目は，「正しい」因果律から捉えた，精神分析および心理学・心理療法が制作する因果律の問題点である（総じて，精神分析および心理学・心理療法批判）。

第一部　心の因果律と理由律
――圧縮版で学ぶ

第一部では，心の因果律と理由律をチャート式で学ぶ。心の因果律と理由律は，圧縮版で示すことができることからもわかるように，明晰な論理から成り立つ。

1．一般に，因果律（因果関係）は，私たちが不全・不確定状況に置かれたとき，制作する思考形式である。これまで，因果律は，次のように制作されてきた。

「なぜXはYなのか」という問い⟶その問いに対する説明としての因果律：「XはZだからである」

因果律の具体例として，次のようものが挙げられる。なお，この具体例を含め，これから挙げるものはすべて，原則，前述した「不全・不確定状況」で制作される因果律である。

①「なぜ，パソコンは動かないのか」→「パソコンが故障しているから」
②「なぜ，対人関係がうまくいかないのか」→「私が陰気（な性格）だから」

つまり，一般に，因果律は，次の思考形式（論述形式）で示されてきた。

「原因A」→「結果B」＝「A→B」：AだからBになる（である）

2．ところで，「A→B」（原因→結果）として示される因果律は，大きく二つのタイプに分けられる。その二つのタイプとは，次の通りである。

「物的因果律」：①前出のパソコンの例
「心的因果律」：②前出の対人関係の例

いま，二つに分けた因果律の根本的な違いは，生じている事態に対する「主体」の関与度の違いにある。

「物的因果律」の「主体」が，ほとんど「心（広義)」を介さない，最小限の観察者（外部観測者）であるのに対して，「心的因果律」の「主体」は，「心（広義)」を介する，最大限の観察者（内部観測者）である。ここでは，こうした「主体」を広義に捉えて，「行動主体」と規定する。ここで「行動主体」とは，認知科学でいう「エージェント」に匹敵する。

現時点では，生じている事態に対する「行動主体」の関与度の違いからすると，物的因果律と心的因果律を同一の因果律（「A→B」）として取り扱うことはできないことが「直感」される。

3．物的因果律については，一旦，保留して，心的因果律にふさわしい「思考形式＝論述形式」とは何かについて考える。

その際，有力な手がかりとなるのは，B.F.スキナーの徹底的行動主義に基づく，応用行動分析，特にABC分析である。

ABC分析は，因果律（因果推論）と捉えられるが，それは，実にシンプルである。

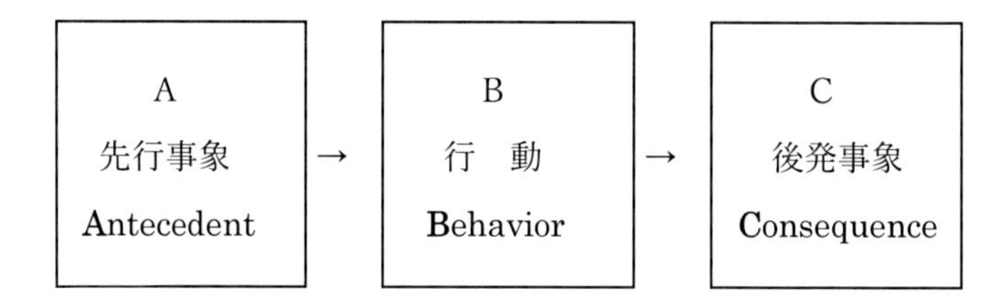

ABC分析における心的因果律は，次のように説明できる。

> 現状はAであるが，行動主体による「行動」Bが「原因」となって現状Aが「結果」Cへと変化する。それゆえ，「行動」Bを起こす。

この心的因果律を記号式で示すと，次のようになる。

B→（A→C）　∴B

この論述形式の中には，「A→C」（AがCへと変化する）というように，「変化」が含まれている。この「変化」は，行動主体にとって行動する理由・動機となるものである。しかも，「変化」は，状況の「変化」およびそれを通しての，自己の「変化」，すなわち二重の「変化」となる。

予め，結論を述べると，これこそ，「正しい」心的因果律であり，心理学最大の法則である。

4．「B→（A→C）∴ B」は，応用行動分析（行動分析）から抽出された心理学の黄金律である。ところが，応用行動分析はこの最重要な法則を発見しておきながらも，自らを科学化（＝行動科学化）することで，この法則の価値を見過ごしてきた。

では，「B→（A→C）∴B」を行動科学における行動の法則として捉え，この然るべき行動を何度も反復すると，どうなるか。

つまり，A→C（Aという状態がCという状態へと「変化」する）がゆえに，Bという行動をするという場合，すなわち，Bをすれば良い結果が出るとき，その行動を一回だけ行うのであれば意味はあるが，その行動を何度も繰り返してしまうと，ルーチンになってしまう。

行動科学としての応用行動分析（行動分析）の問題点は，この「(良い結果が出る）同一行動の反復」にこそある。裏を返せば，行動科学としての応用行動分析からすると，良い結果が出る行動が反復されるからこそ，行動の法則となるわけである。

5．「(良い結果が出る）同一行動の反復および強化（後述する行動随伴性＝好子の強化）を企図する応用行動分析の方法として，エコノミー・トークン法（アメとムチによる行動統制法）がある。それはたとえば，発達障害児らの療育で用いられている。その療育において，子どもはうまくいけばシールをもらえるが，失敗すると，シールを取り上げられる。ただ，子どもにとって，良い結果が出るからといって既定の同一行動を延々と反復させられることは，この子どもから（近い）未来と自由を奪ってしまいかねない。つまり，この事例は，同一行動の反復および強化によって対象者を制御する応用行動分析の問題点を露呈している。

6．応用行動分析（行動分析）は，行動随伴性，すなわち好子の強化によって対象者を望ましい行動へと導こうとするという点で，一定の評価をすることができるが，反面，そのことが前述した療育のように，対象者から（近い）未来と自由を奪ってしまうことになる。そこで筆者は「同一行動の反復および強化」を前提とする応用行動分析とは袂を分かち，「B→（A→C）∴B」を「実存的一回性」において用いる途を選択することにした。

ここで，「実存的一回性」というのは，心（広義）を有する行動主体が，不全・不確定状況に置かれたとき，ある行動（B）をすることによって，既定の状況をそうでない状況へと「変化」させることを指す。ときには，現状維持することにメリットがある場合は，悪い状態（A）がもっと悪い状態にならないように，行動（B）をすることが含まれる。ただし，その行動を原則，一回限りとし，反復しない。二重の「変化」をもたらすその行動は，一回限りの行動であることによって，リアルなものとなる。それは，実存的でさえある。

7．これまで，一般的に捉えられてきた因果律は，新しい因果律へと転回することが要請される。

従来，一般の因果律は，A→B（AだからBになる［である］）という表現形式として表されてきたが，本来，それは，次の表現形式として示されるべきである。

結論から述べると，本来，因果律は，「A→B&B（A→C）」と示すべきである。ところが，これまで因果律は，「変化」を含む，肝心の「B（A→C）」の部分を省略し，「A→B」と示されてきた。

A→B & B（A→C）

では，なぜ，肝心の「B（A→C）」が省略され，「A→B」と表されてきたのか。

私見によると，因果律が「A→B」，すなわちAだからBになる（である）と記述されてきた理由は，コミュニケーション・会話の効率を優先するためであると考えられる。

ところが，省略された「B（A→C）」は，Bという行動を行えば，AがCへと変わるというように，「変化」，すなわち状況の「変化」と自己の「変化」，という二つの「変化」を示すものであり，私たちの思考を忠実にかつ正しく表したものなのである。

裏を返すと，私たちにとって思考とコミュニケーション・会話は両立しずらい。

以上のことをまとめると，次のようになる。

既定（一般）の因果律：	A→B 会話の効率性の優先
真正の因果律　：	A→B & B→（A→C） 思考の忠実さ・正確さの重視

繰り返すと，既定（一般）の因果律は，「A→B」と表されるが，こうした

表現形式となるのは，あくまでも会話の効率性を優先したものである。

これに対して，真正の因果律は，「A→B＆B→（A→C)」となり，それは，次のように表現される。現状はAであるが（Aのとき），行動Bによって（Bをしたら）現状Aを結果Cへと変化させる（Cになる），だから行動Bをする，と。

では，なぜ，真正の因果律は，既定（一般）の因果律と取り違えられてしまったのか。この点はわかりずらいことから，この箇所を取り出して説明することにしたい。

現状はAであるが，行動Bが「原因」で現状Aが結果Cへと変化するという「結果」が生じる。　だから行動Bをする。

A→B：AだからBである（Bになる）＝一般の因果律（思考の短縮）
B→（A→C）：心的因果律の省略された部分

この表現形式は，「現状はAであるが，……，だから行動Bをする」であるが，それが転じて「現状はAである……（だ）から行動Bをする」，さらに転じて最終的には「現状はAであるから行動Bをする」，という具合に，最初の文章と最後の文章が結合されて，「A→B」となる。同表現形式の中で省略された箇所（……）は，「行動Bが『原因』で現状Aが結果Cへと変化するという『結果』が生じる（だから行動Bをする)」，すなわち「B→（A→C)」となる。

以上のことから，既定（一般）の因果律は，真正の因果律から「変化」を示す重要な箇所を省いたものであることがわかる。真正の因果律にあって，既定（一般）の因果律に欠落しているのは，「変化」を表す箇所である。その箇所については，思考の忠実さかつ正確さが反映されている。

8．既定の因果律の思考形式と真正の因果律の思考形式の違いは，具体例を用いると理解しやすくなる。ここで挙げる例は，物的因果律と心的因果律の中間に位置づけられる因果律，すなわち，素朴な心的因果律というべきものである。その具体例として，「どうして，（私は／彼は）部屋のカーテンを開けたのか」という問いに対する説明について考えてみる。

「どうして，部屋のカーテンを開けたのか」
↓
既定の因果律：「部屋が暗いからカーテンを開けた」　A→B

この因果律は，曖昧な表現となるが，十分，意味は通じる。むしろ私たちは，日常，こうした受け答えをしている。これは，コミュニケーション・会話の効率性を優先したものであるが，思考を忠実にかつ正確に表現したものではない。

「どうして，部屋のカーテンを開けたのか」
↓
真正の因果律：「いまは部屋が暗いが，カーテンを開けると暗くなくなる（＝明るくなる）から開けた」　B→（A→C）

この因果律は，カーテンを開ける（という行動）をすると，部屋が暗い状態から暗くない状態，ひいては明るい状態へと変化することを明晰に表現したものであり，この命題だけでどういう事態が生じたのかが十全に理解できる。ところが反面，それは，あまりにも饒舌すぎる表現であり，私たちが普段，行っている会話・コミュニケーションには適していない（というよりも普段，用いない表現である）。

こうした素朴な心的因果律の他例として，「タクシーを拾うために手を挙げた」，「時刻を知るために，時計を見た」等々が挙げられる。

9．ここで，真正の因果律と同等・同格のものもしくはそれ以上のものとして，理由律を挙げることにする。

ところで，理由律とは，高山守が著書『因果論の超克』［高山守，2010］を通して提唱した，もう一つの心的因果律である。理由律は元々，物的因果律の誤りを修正するプロセスで要請されたものであるが，実は，これから述べるように，「正しい」心的因果律としても有用なものである。

まず，高山は，従来，物的因果律を「A → B」（「原因→結果」）と記述されてきたものを，「原因＋諸要素＋結果」というように修正する。つまり，既定の物的因果律が，「原因」と「結果」の二者から捉えられてきたが，それ自体間違いであって，「原因」にはそれが発現する「諸要素」を加えなければならないのだ。したがって，「正しい」物的因果律は，「原因＋諸要素＋結果」と定式化される。さらに，この「正しい」物的因果律では，「原因」と「諸要素」が「理由」とひとまとめにされ，「結果」が「帰結」に変更されることで「理由／帰結」という表現形式で示される。高山が提唱する理由律は，次のように表される（なお，高山は，「『正しい』物的因果律＝理由律」の基礎となる因果律を「遠隔の因果律」と名付けているが，ここでは言及しない）。

「正しい」物的因果律＝「原因＋諸要素／結果」→「理由／帰結」＊
　　　　　　　　　　理由　　　帰結　＝　**理由律**
＊理由と帰結は同時に切り取られる

このように，高山は，「正しい」物的因果律，すなわち理由律を制作した。それだけでなく，彼は，「正しい」心的因果律，すなわち「心的理由律」（端的に，理由律）を構築したのである（正確に述べると，高山が「理由律＝心的因果律」を構築したというのは，筆者自身の解釈である）。心についての理由律，端的に，理由律は，「二つの思い」のうち，「引き起こす思い」として生じるものである。

> <u>二つの思い</u>
> ①単なる思い　　：「～したい」　＊思いとどまり，行動しない
> ②引き起こす思い：「どうしても～したい」から「～した」

理由律において行動主体は，自ら，「どうしても～したい」という「引き起こす思い」に駆動されて，実際に「～した」という帰結をもたらすと捉えられる。「引き起こす思い」は，「～した」というように，行動が完了し，初めて主題化することができる（事象となる）。「引き起こす思い（理由）」と「～した（帰結）」は，実際に行動に移したこと（＝行動の完了）によって同時に切り取られるのである。

それに対して，「～したい」という「単なる思い」は，行動主体が思いを抱くだけにとどまり，行動完了には到らないのである。その意味で単なる思いは，未遂に終わる。

10. 理由律（心的理由律）と真正の因果律（心的因果律）は，ほぼ同等である。ただし，思考形式としては，理由律よりも真正の心的因果律の方がはるかに表現・制作しやすいことから，真正の心的因果律を優先することが望ましい。

> <u>理由律</u>：「引き起こす思い」に駆動されて／（実際に）「～した」＝帰結
> ［行動完了］
> <u>真正の心的因果律</u>
> ：「現状はAであるが，行動主体が行動Bをすることによって，
> 現状Aを結果Cに変化させることができる。ゆえにBをした」

11. これまで述べたことを，前出の例，「どうして，部屋のカーテンを開けたのか」によってまとめると，次のようになる。

既定の因果律（思考に忠実かつ正確でない，「正しくない」因果律）
「暗いから部屋のカーテンを開けた」：A→B
真正の因果律（思考に忠実かつ正確な，「正しい」因果律）
「いまは暗いが，部屋のカーテンを開けると暗くなくなる（＝明るくなる）から開けた」：B（A→C）
理由律（心的因果律）
「部屋を明るくしたい」という「引き起こす思い」から「部屋のカーテンを開けた」：A／B
＊A=「引き起こす思い」＝理由／B＝帰結　「／」＝同時を示す

12. 真正の心的因果律と理由律，すなわち「正しい」心的因果律を用いて，不登校や家庭内暴力など問題行動を起こしている当事者（エージェント）が「なぜ，不登校になったのか」あるいは「なぜ，家庭内暴力を起こしたのか」といった理由・動機分析（以下，「理由分析」で統一）を行う。そのプロセスは，次の通りである。

①当事者自身の理由分析
②当事者が「正しい」心的因果律を用いて的確な理由分析ができるように，支援者は当事者を思考指導する。
③こうした支援者の存在が，当事者が問題行動を改善するきっかけとなり得ることも含めて，支援者から思考指導を受けつつ，当事者は自ら真正の因果律に沿って問題行動を起こした理由を分析する。

13. 真正の心的因果律と理由律が，不登校や家庭内暴力などの身近な問題行動だけでなく，社会で起きる不可解かつ不条理な事件（自殺や殺人）にも適用可能であることから，具体例を挙げてその理由分析を行う。その具体例とは，「隣人のピアノ騒音で困っている人がいる」が，「その人はどうすればピアノ騒音を止めさせせることができるのか」というものである。この問題は，真正の心的因果律を用いて，A（ピアノ騒音がある状態）をC（ピアノ騒音がない状態）に変える手段として，どのような行動（B）が考えられるかと表すことができる。その選択肢を効率的に考えるために，「自己がする行動」と「(自己が) 他者にさせる行動」という二つがある。ここでいう「自己がする行動」は英語の自動詞に，「他者にさせる行動」は他動詞に，各々対応する。特に，「他者にさせる行動」は，自己が何らかの行動によって他者に影響を与えることを意味する。

まず，「自己がする行動」としては，たとえば「ヘッドフォンで音楽を聴く」→「家から出る」→「引っ越す」→……「鼓膜を破る」→「自殺する」となる。次に，「他者にさせる行動」としては，「注意する」→「怒鳴る」→「戸を叩く」→……「ピアノを壊す」→「子どもを誘拐する」→「隣人（母子）を殺す」となる。

注意すべきなのは，自己がする行動も，他者にさせる行動も，究極まで行きつくとほとんど変わらなくなるということである。

なぜ，ピアノの騒音くらいで自殺したり，他殺したりするのか。こう疑問を抱く私たちは，過激な行動を選択した行為主体（エージェント）がそのとき，どのような状況に置かれていたのかについて，何も知らない。それゆえ，私たちは，過激な行動を選択した理由を理解できないことから，当事者を精神疾患の人や狂人などとみなして，カテゴリー切断してしまう。

ところが，そのことに対しては簡単に反論することができる。わかりやすく説明するために，たとえば，「あなたは絶対に自殺しないと言い切れるか」という問いを立ててみる。筆者の場合，「私は自殺をしないと言い切れない」

と答える，否，そう答えるしかない。それはなぜか。その理由はたとえば，山で滑落・遭難して助かる見込みのないまま，このわが身を襲う，このリアルな痛みに耐えられない（という状態に置かれた）とき，自ら命を絶つことで（B），A（痛みのある状態）→C（痛みのない状態）へと変化させる可能性があるからである。この場合，私にとって自殺は，この痛みから自らを解放するということで，十全の理由・動機となる。この例でいうと，どうしても自殺を理解できない人たちは，そのとき私が置かれた状況を知らないのである。

14. ここまでは，思考に忠実な，真正の因果律と理由律がほぼ同等のものであることについて言及してきた（実際は，理由律が真正の因果律に優る）。

以上のことを踏まえて，次に，心理学・心理臨床で用いられてきた「正しくない」もしくは「不十分な」因果律について批判的に検討する。

「正しくない」心的因果律として，次の二つ挙げられる。

一つ目は，精神分析が制作する因果律である。

二つ目は，心理学・心理療法が制作する因果律である。

15. 精神分析の因果律は，S.フロイトをはじめとするものであるが，ここでは，現代の著名な精神分析家である，J.ハーマンの記憶回復療法を取り上げることで，現在でもなお，精神分析の因果律が用いられていることを示したい。

<u>クライエントの苦悩</u>

：仕事がうまくいかない／人間関係が破綻する／努力しても拒食症から抜け出せない

↓

「どうして，わたしだけがこんな人生を生きないといけないのか」

↓

「何か，私の知らないところに原因があるのではないか」

↓

セラピストの応答
:「あなたの子ども時代はどうでしたか」
「その原因は，あなたの子ども時代にあるのではないか」
↓
「子ども時代，親との関係はうまくいっていたか」
「親がアルコール依存症やギャンブル依存症であなたに暴力を振るったのではないか」等々

以上のことをまとめると，次のように表される。

うまくいかない現在の自分⟶子ども時代の親からの虐待
現在＝結果　／　過去＝原因
因果律
B　⟵　**A**
＊物的因果律のA→Bと同じ／精神分析の範型は自然科学

ハーマンの記憶回復療法における因果律の起源は，フロイトのトラウマ主義にある。フロイトの精神分析（自我心理学）では，乳幼児期（過去）に親からの虐待や親との不和などが原因で，（大人になってから）対人関係や人生がうまくいかない（結果）場合，次のような因果律を作り出してしまう。

A→B
:「A＝原因」＝「トラウマ」という大きな物語
「B＝結果」＝対人関係や人生でうまくいかない

行動科学としての行動分析学が，療育の実践でみられるように，療育児に対して未来制御を行うのに対して，精神分析は，原因を乳幼児期（子ども時代）に遡及した上で，クライエントに対する過去制御を行うのである。

16. 一般の心理学・心理療法の因果律は，精神分析と同様，A → B という因果律の思考形式となる。その上でAに知・情・意という「心の言葉」のネガティヴ形を挿入する。それは，次のように表される。

「なぜ，勉強ができないのか」(問いかけ)
：A → B 「教養がない」から「勉強ができない」

「なぜ，対人関係がうまくいかないのか」(問いかけ)
：A → B 「性格が悪い」から「対人関係がうまくいかない」

「なぜ，仕事が続かないのか」(問いかけ)
：A → B 「意志が弱い」から「仕事が続かない」

ところが，A と B は，ほぼ同一の内容（トートロジー）または言い換えたものであることから，この因果律は，「正しくない」。とりわけ，Aに挿入される，ネガティヴな「心（知・情・意）の言葉」を用いたもの，すなわち「教養がない人」，「性格が悪い人」，「意志が弱い人」等々は，単なるラベリングにすぎない。こうしたネガティヴなラベリングが他者や自己に対してなされるとき――会話・コミュニケーションを通して――，他者および自己の自己責任を問い糾すものでしかなくなる。こうしたラベリングは，他者や自己を追い込むだけであり，有害である（自己が自ら，ラベリングに呪縛されることもある）。

17. さらに，A → B という因果律の思考形式を前提に，A に，「心の言葉」を抽象化した心理的概念を挿入する場合，「心の言葉」の因果律と同様の問題が生じる。

「なぜ，勉強がないのか」(問いかけ)
　：A → B　「自己肯定感が低い」から「勉強ができない」

「なぜ，対人関係がうまくいかないのか」(問いかけ)
　：A → B　「自尊心が高い」から「対人関係がうまくいかない」

「なぜ，仕事が続かないのか」(問いかけ)
　：A → B　「劣等感が強い」から「仕事が続かない」

18.「正しくない」心的因果律については，次のように要約することができる。

一般の心理学・心理療法は，三重の間違いをしている。
① A → B という「正しくない」心的因果律の制作
② ①に加えて，「正しくない」A → B の A に「心の言葉」の否定形を挿入した上での，因果律の制作
③ ①と②に加えて，「正しくない」A → B の A に抽象的な心理学概念の否定形を挿入した上での，因果律の制作

19. ここで重要事項を追加する。それは何かというと，情動の因果律である。

これまで情動は，心（広義）の中に含めてきたが，よくよく考えると，情動は広義の心には含まれない。というのも，情動は身体に発現するものであるからだ。実際，他者の泣き・笑いは，外から観察することができる。とり

わけ，乳児の大泣きは，自らが大泣きしていることに気づき，驚き，より層大泣きする傾向がみられる（こうなる理由は，脳神経が剪定以前であること，また神経を包むミエリンが未形成であるというメカニズムに基づく）。

これに対して，情動以外の「感情（狭義）」は，他者が外から観察できないものであり，私秘的，内面的である。

万が一，情動が感情（狭義）と同等のものであるとすれば，次のように，因果律は成立し得ないことになる。繰り返すと，情動の因果律と感情（心）の因果律を併記すると，同じであることから，情動の因果律は，感情の因果律と同じく，そもそも成立し得ないようにみえる。

「なぜ，対人関係がうまくいかないのか」（問いかけ）
感情（心）:「性格が悪い」から「対人関係がうまくいかない」

「なぜ，相手を殴ったのか」（問いかけ）
情動　　　:「腹が立った」から「相手を殴った」

しかしながら，情動の因果律，すなわち「腹が立った」から「相手を殴った」という場合，その行動によって自己自身の気分が変化した。つまり，私は相手を殴ることによって，イライラした状態からスッキリした状態へと変化した，と。したがって，この，情動の因果律は，A→B&B（A→C），実質的には，B（A→C）と表すことができる。そのことは，次のように表される。

「なぜ，相手を殴ったのか」（問いかけ）

「腹が立った」から「相手を殴った」
↓

「相手を殴った」B→（A→C）
腹が立った状態A→スッキリした状態C
（イライラした状態）
∴B：ゆえに相手を殴った

以上のことから，「情動≠心」ということで，情動と心（狭義の感情）は区別すべきであることが判明する。前述したように，情動は，身体に表れた感情であり，外から観察することができることから，実質上，行動に近い。つまり，「情動≒行動」ということで，情動は「心の言葉」には相当しないのである。

20. さらに，前述した情動の因果律と類似した因果律を追加する。それは，人体の「生理的変化」をともなうという意味で，「生理的因果律」と名付けられるものである。

生理的因果律の典型例として，たとえば，「なぜ，あなたはいま，ジュースを飲んだのか」という問いかけに対する「血糖値が低下したから飲んだ」という説明が挙げられる。この場合，B→（A→C）では，「B＝ジュースを飲んだ」，「A＝血糖値が低い状態」，「C=血糖値が低くない（通常の）状態」，となる。行動主体は，「ジュースを飲む」という行動によって「血糖値が低い状態」から「血糖値が低くない（通常の）状態」へと変化するが，この場合，「血糖値」という生理的言語を用いた因果律は，心的因果律の一つとして認められる。私たちが因果律を制作するのは，自らが不全・不確定状況に置かれたときだからである。この場合，明らかに「不全の状況」，すなわち血糖値が低下して恐らく頭が朦朧とした（あるいはその寸前の）状況にある。

この受け答えは，心的因果律のように，行動主体が何らかの行動をすることで状況と自己をAからBへと変化させるのとは異なり，行動主体が自らの生理的問題（特に，生命的危機）を察知し，早急に糖分を供給するためにジュースを飲むわけである。その結果，行動主体は自らの身体の変化によって自らの心の変化をもたらす。つまりそれは，行動（B)→身体（状態）の変化→自己（気分や心）の変化，と記述される。このように，心的因果律は，行動主体の状況と自己を直に表すものだけでなく，人体という生理的言語を用いて外側から行動主体の気分の有り様を表すものもありなのである。強いていうと，この類いの心的因果律の場合，行動主体は，自らの身体を外から観察し，人体として客観的に捉えている。この場合の行動主体は，自らの気分や心をミニマムに捉えているのだ。

以上のことをまとめると，次のようになる。

「なぜ，あなたはいま，ジュースを飲んだのか」(問いかけ)

「血糖値が低下した」から「ジュースを飲んだ」

↓

「ジュースを飲んだ」B→（A→C）

血糖値が低下した状態A

→血糖値が低下していない（通常の）状態C

（＝気分の悪くない状態)

∴B：ゆえにジュースを飲んだ

21. 心理学・心理療法の中には，自ら積極的に因果律を取り上げるものが少なからずある。なかでも，顕著なのは，短期療法，アドラー心理学，家族療法である。これらは，各々の立場から因果律を次のように，問題にしている。

・短期療法（解決志向ブリーフセラピー）：因果律の切断・解除（放棄）

・アドラー心理学：因果律における原因の探求，特に過去の意味づ

けの放棄（原因論から目的論への移行）
・家族療法（システム論的家族療法）
：直線的因果律に対する批判とその放棄および自らの家族臨床に合わせた円環的因果律の構築

22. 前述したように，心理学・心理療法が，何らかの形で因果律を取り上げてきたのに対して，DSM（精神疾患の診断・統計マニュアル／現在は，DSM-5）を基準に症状で精神疾患を診断する精神医学および精神療法は，因果律のみならず，その元にある原因論そのものを放棄する立場を採る。

23. これまで，心理学・心理療法など近代的な学問分野における因果律について述べてきたが，これ以外にも，素朴な因果律がある。それは，近代社会成立以前（民俗社会または部族社会）において多用されてきた「呪術的因果律」である。ただ，それは，現代社会においても，私たちの信念や習俗として根づいている因果律である。ところが，科学的にみると，一見，有用にみえるこの，呪術的因果律は，ニセの因果律にすぎない。

24. 心的因果律は，次の表（**28ページ参照**）のように分類可能である。なお，この表は，因果律の査定を表している。整合的に制作された理由律は，すべて「正しい」ことから，あえて「正しい」理由律という表現を用いていない。

また，この四つの中で，唯一，「正しい」物的因果律は，①のみである。

以上に示されるように，①〜③は，思考上，正しいか，あるいは，たとえ思考上，正しくなくても，会話の効率上，意味があるものである。ところが，“もう一つの”因果律である④は，それらとは異なり，（近代合理主義からみると）まったく非合理で無意味なものである。

① 理由律	思考に忠実であるとともに，会話の効率上でも有用なもの
②「正しい」因果律	思考に忠実であるが，会話の効率上，問題のある因果律 ※情動（怒る・泣く・笑うなど）の因果律も含む
③「正しくない」因果律	思考上，正しくないが，会話の効率上，有用な因果律
④ ニセの因果律	呪術的因果律（非合理な因果律）

25. この，“もうひとつの”因果律（④）は，たとえ無意味なものであっても，非合理的な世界観（特に，呪術）に基づく世界の縮減という役割を果たしている。前述したように，因果律は，私たちが不全・不確定状況に置かれたときに制作する思考形式であることから，自然災害の脅威に怯えていた前近代社会では，そうした呪術的因果律を制作し，使用せざるを得なかった（たとえば，雨乞いの儀式や祈祷）。科学技術が，因果律を用いて環境を変えるのに対して，呪術は，因果律を用いて人間の心や態度そのものを変えるのだ。

とはいえ，現在においても，私たちの多くは，知らず知らずのうちにこの，呪術的因果律を多用している。その典型は，言霊，願掛け，お参りなどである。

26. 心の因果律・理由律の成立過程をまとめると，次のように図示することができる（29ページ参照）。

27.「正しい」心の因果律・理由律，すなわち心的因果律および理由律を用いる，思考指導は，次のように実践・展開される（29～33ページ参照）。なお，

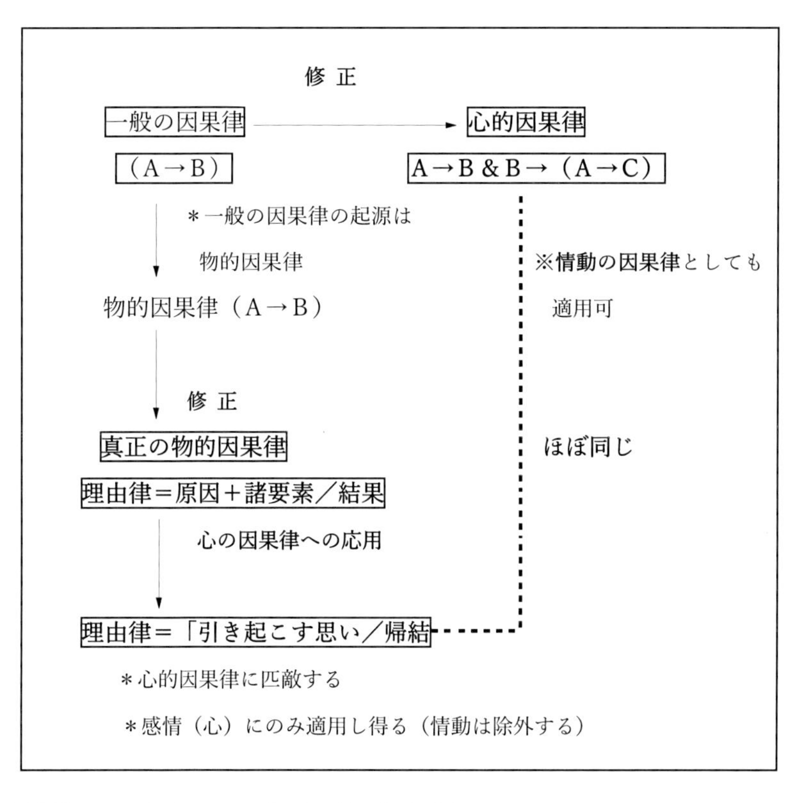

実践例は二つとも，ABC分析と理由律を併用している。

実践例１：ある子どもが学校に行かなくなった

当事者（不登校生徒）に理由を尋ね，思考指導者（支援者）と一緒にその理由分析を一緒に行う

↓

当事者が不登校になったのは，「いまはAであるが，Bをすれば（＝不登校になれば）Cになる（だからBをする［＝不登校になった］)」

不登校になる＝B：A→C　∴B（＝不登校になった）

↓

何が変化したか？＝A→C　良くなったこと（α）

悪くなったこと（β）

学校に行かなければ，（　α　）。だから学校に行かなくなった。

(α)＞(β)

＝（α）をしたいから，学校に行かなくなった［理由律］

学校に行かなければ，（　β　）。だから学校に行かないことを止め

(α)＜(β)

＝（β）をしたくないから，学校に行かないことを止めた［理由律］

（α）＝学校に行かなくなるとそのメリット

＝理由（［良い結果が出てくる］）→個々人で異なる

※10段階で評価

＋1　通学時間がなくなる

給食を食べなくてよい

学費の心配がなくなる

同じ不登校仲間と交流できる

家族やペットとの時間が増える

＋2　（不登校になっても友達でいてくれるという意味で）本当の友達がわかる

価値観の異なる人と出会うことができる

趣味など好きなことをする時間が増える

学業スタイルの選択肢が増える（フリースクールなど）

校則や裏校則から解放される

嫌いな学業から解放される

（学校に行かないことで）友達や大人（先生，親）に自分の思いを伝えることができる

＋3　時間に縛られない（好きな時間に起き，好きな時間に寝る）

＋6　先生に心配をしてもらえる

＋8　親に心配をしてもらえる

＋10　友達や先生とのしがらみ（いじめを含む）から解放される

（β）＝学校に行かなくなるデメリット

＝理由（[悪い結果が出てくる]）→個々人で異なる

※10段階で評価

－1　内申点に響く

就職の障害になる

進学先の選択肢が狭まる

嫌いな授業以外の授業も出られない

－2　学校に行きづらくなる

流行から取り残される

自分に対する周囲の評価が下がる

－4　クラスでの存在感が薄くなる

－6　友人が減る（いなくなる）

－7　勉強が遅れる

－9　親が悲しむ

－10　家族との関係が悪くなる

実践例2：ある青年が自殺したいと他者（カウンセラー・セラピスト）に訴えた。なぜ（どうして）その青年は自殺したいのか。

当事者（自殺志願者）に理由を尋ね，思考指導者（支援者）と一緒にその理由分析を一緒に行う

↓

当事者が自殺したいのは，「いまはAであるが，Bをすれば（＝自殺をすれば）Cになる（だからBをする［＝自殺をしたい・志願した］）」

自殺をしたい＝B：A→C　∴B（＝自殺をしたい）

↓

何が変化したか？＝A→C　良くなるであろうこと（α）

悪くなくなるであろうこと（β）

↓

自殺すれば，（　α　）。だから自殺する。　(α)>(β)

＝（α）をしたいから，自殺をしたい［理由律］

自殺すれば，（　β　）。だから自殺しない。　(α)<(β)

＝（β）をしたくないから，自殺をすることを止めたい

［理由律］

（α）＝自殺することのメリット＝理由（［良い結果が出てくる］）

→個々人で異なる

※10段階で評価

＋1　失敗を責められずに済む［責任を回避できる］

学校や会社に行かずに済む

（家族の人たちがいる）家に帰らずに済む

嫌な相手に会わずに済む

肉体の苦痛から解放される

＋3　償う（責任をとる）ことができる
　　　謝意（反省）をアピールできる
＋4　保険金が支払われる
　　　辛い気持ちをわかってもらえる
　　　悲劇の主人公になることができる
＋6　問題を表面化させられる
＋9　関係者を反省（改心）させられる
＋10　加害者（敵）に復讐できる

（β）＝自殺しないことのデメリット＝理由（[悪い結果が出てくる]）
→個々人で異なる

※10段階で評価

－1　やりかけの仕事が未完に終わる
　　　将来の夢を実現できなくなる
　　　貯金（財産）がもったいない（せっかく貯めた貯金や財産を使わずに死ぬのはもったいない）
　　　好きなこと（もの）を楽しめなくなる
　　　「逃げた」と責められる
－5　ペットの世話をする人がいなくなる
－6　関係者に迷惑がかかる
－7　親戚，友人や知人が悲しむ
－8　幼い子どもや要介護の親が困る
－10　家族が悲しむ

第二部　心の因果律と理由律（本編）

　第二部では，第一部・圧縮版で論述した，真正の因果律と理由律の論理展開を詳しく論述する。そのため，これから述べる内容は，圧縮版論述と重複することが少なくない。

Ⅰ.「正しい」心的因果律と理由律の要請

1．ABC分析における因果律

あらためて，行動分析（behavior analysis）とは何か。それは，B.F.スキナーが唱えた徹底的行動主義（radical behaviorism）に基づく心理学のことである。スキナーは，フロイトやJ.C.ユングらの「精神」分析に対抗して，自らの心理学を「行動」分析と命名した。周知のように，「行動分析」は，「精神分析」に対抗するために作り出された概念なのである。

ところで，一般に，因果律は，「……だから～である」あるいは「……だから～になる」といった表現形式を採る。これに対して，応用行動分析（特に，ABC分析）において因果律は，行動主体が「……を起こせば～となる」という表現形式を採る。

筆者は，前に，物的因果律と心的因果律を区別すると述べたが，ABC分析における因果律は，「行動主体が介在する」ことから，明らかに心的因果律である。一方，物的因果律では，「なぜ，コップは割れたのか」に対して，「テーブルの上からコップが落下して割れた」ことを知覚してこう表現するというように，観察者が介在する（それは，自然現象を観測する，最小限の主体である。ただし，ここでは，観測問題が発生する量子力学のミクロな領域は除外する)。ABC分析における因果律（心的因果律）は，図1のように表される（ABC分析の記述については，[杉山尚子，2005] を参照した)。

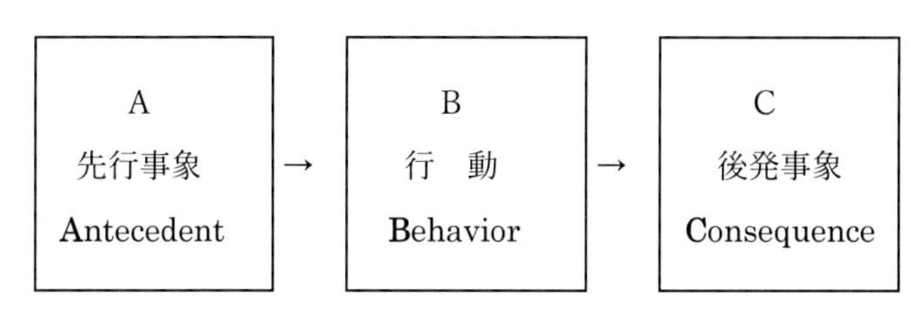

図1　ABC分析における因果律

図１のように，ABC分析ではＡ，Ｂ，Ｃは順に，「先行事象（Antecedent：Ａ）」，「行動（Behavior：Ｂ）」，「後発事象（Consequence：Ｃ）」と呼ぶ。これらの概念を用いると，「先行事象（Ａ）があるが，行動（Ｂ）をすると，結果（Ｃ）になる。それゆえ，行動（Ｂ）をする」いう表現形式となる。つまりそれは，行動主体が行動（Ｂ）をすると，先行事象（Ａ）が後発事象（Ｃ）へと「変化」することを意味する。Ｂは，Ａを，Ａ「でない」Ｃへと「変化」させるのだ。なお，行動（Ｂ）は，その行動を起こす状況・文脈である「先行刺激（antecedent stimulus：Ａ'）」の影響を受けるが――いつ，どこでなどの文脈――，それは副次的なことから，ここでは省略する。

このように，ABC分析における因果律は，まず，Ａという状態があって，行動主体がＢという行動を起こす，すると，Ｃという結果になる，というものである。

見方を換えると，行動（Ｂ）によって先行事象（Ａ）が後発事象（Ｃ）へと「変化」することから，行動（Ｂ）は，行動主体にとって行動そのものを起こす理由や動機となる。

記号で示すと，次のようになる。

Ｂ：Ａ→Ｃ　∴Ｂ

繰り返し強調すると，行動（Ｂ）を起こす理由や動機は，ＡがＣへと変化すること，すなわち事後的な結果にこそある。裏を返せば，「行動（Ｂ）をすれば，ＡからＣへと状況が変化するからこそ，行動（Ｂ）をする」，裏を返せば，「Ａ→Ｃという変化」が生じない限り，行動主体は行動（Ｂ）しないのである。

ところで，行動分析（応用行動分析）では，行動と状況変化の関係のことを，「行動随伴性」［杉山尚子，2005］と呼ぶ。つまりそれは，行動と行動直後の状況変化の関係で，行動の原因を解明し，行動を改善するための枠組のことである。肝心なのは，事後的な結果が次の行動を起こさせるか否かにある。

次に，行動科学の立場から行動随伴性を捉えるとき，その組み合わせから次の四つのタイプに分けられる。杉山尚子によると［杉山尚子，2005：47］，人間の行動において何らかの行動をした直後に良い結果が出現するとき，その行動の自発頻度が高くなるできごとや条件となるものが「好子」であり，それとまったく逆に，その行動の自発頻度が低くなるできごとや条件となるものが「嫌子」である。

ここで四つのタイプは，**表1**のように，行動の自発頻度が高くなる順に，(1)好子出現の強化，(2)嫌子消失の強化，(3)嫌子出現の弱化，(4)好子消失の弱化となる。

表1　行動随伴性の4つのタイプ

	好　子	嫌　子
出　現	(1) 強　化	(3) 弱　化
消　失	(4) 弱　化	(2) 強　化

ところで，徹底的行動主義の立場から行動分析を構築したスキナーは，目指すべき社会の構築は，表1の(1)，すなわち「好子出現の強化」であるとし，これを最重視している。つまり，スキナーは，「嫌子を使ったコントロールを否定し，好子によって制御される社会システムを作り上げること」［杉山尚子，2005：107］を目指している。この発言からスキナーが構想する制御社会は，健全なものであると判断することができる。というのも，私たちにとって行動直後に出てくる良い結果を強化するように制御することは，それ以外の制御よりもはるかに自然で健全だからである。裏を返せば，不快な刺激を与え，それを減じるように仕向けることは，何かで相手を脅していうことを利かせるという陰湿な制御になる危険性がある。

あらためて，「好子出現の強化」を論述形式で表すと，次のようになる。

「現状はAであるが（Aのとき），行動Bによって（Bをしたら）現状Aが結果

Ｃへ変化する（Ｃとなる）。ゆえに，行動Ｂをする。」これを行動Ｂを中心に記号式で示すと，「Ｂ→（Ａ→Ｃ）∴Ｂ」となる。

この論述形式が意味するところは，「現状はＡであるが，行動主体による行動Ｂが『原因』となって現状Ａが『結果』Ｃへと変化する（良くなる）。だから行動Ｂを起こす。」，である。

ここで重要なのは，「Ｂ→（Ａ→Ｃ）」という表現形式の中には，「Ａ→Ｃ」（ＡがＣへ変化する）といった「変化」が含まれていることである。この「変化」は，行動の理由や動機となるものである。この場合の「変化」は，状況の「変化」およびそれを通しての，自己の「変化」となる。つまり，状況の「変化」は，結果的に自己の「変化」をともなうのだ。

以上，行動分析（応用行動分析）の基本が，「Ｂ→（Ａ→Ｃ）∴ Ｂ」にあることを指摘したが，前述したように，それは，行動主体が介在することから心的因果律に相当する。ところが，私たちが一般に制作する因果律は，すでに述べたように，すべて「ＡだからＢである（Ｂ になる）」，すなわち「Ａ→Ｂ」という表現形式で表された。したがって，心的因果律については，「Ａ→Ｂ」が「正しくない」ことを示す一方で，「Ｂ→（Ａ→Ｃ）∴ Ｂ」が「正しい」ことを示す必要がある。これは，一つ目の課題となる。

さらに，筆者は応用行動分析から行動の因果律として「Ｂ→（Ａ→Ｃ）∴Ｂ」を取り出したが，応用行動分析が行動科学であることから，行動随伴性の原理のもと，「好子出現の強化」，その典型である「Ｂ→（Ａ→Ｃ）∴ Ｂ」を何度も反復することになる。そのとき，たとえ，状況と自己の「変化」をともなう「Ｂ→（Ａ→Ｃ）∴ Ｂ」それ自体は「正しく」ても，その規則的行動を何度も反復することは，体に良いからといって同じ栄養ドリンクを飲み続けるのと同じく，行動の意図そのものが変質してしまうのである。そこで，「Ｂ→（Ａ→Ｃ）」の反復を是とするか否か，そしてその分かれ目は何かについて考えることが不可欠になる。これは，二つ目の課題となる。

次に，この二つの課題に応えることを通して，行動主体にとって「Ｂ→（Ａ

→C）∴ B」を反復するのではなく，実存的一回性において捉えることがいかに重要であるかについて論述することにしたい。ここで実存的一回性とは，私たちが不全・不確定状況に置かれたとき，因果律を制作することで，そうした状況を打開できる行動をすることを意味する。行動主体にとっては，こうしたのっぴきならない状況を乗り切るためにこそ，「変化」をもたらす一回の行動が不可欠なのである。

2．一般の因果律と行動の因果律

前述した一つ目の課題から論述したい。

「AだからBになる（Bである)」，すなわち「A（原因）→B（結果)」と表される一般の因果律と，「B→（A→C）∴ B」と示されるABC分析における因果律（以下，「真正の因果律」と略記）を比べると，次のことがわかる。つまり，それは，一般の因果律が「テーブルからコップが落下して割れた」というように，心的事象を介在しない物的因果律を基準に制作されたものだということである。この例のように，自然現象における物的因果律において，「A → B」は該当するようにみえる。これに対して，真正の因果律は，行動主体が介在する心的因果律である。ただ，それは，両者を分かつ決定的な違いとはいえない。

次に，心的因果律に限っていうと，A→Bは，実は，真正の因果律である「A→B＆B→（A→C)」から「B→（A→C)」の部分を省略したものではないかと考えられる。心的因果律には，行動主体が介在するがゆえに，何らかの「変化」をともなうが，この肝心な「変化」を示す部分，すなわち「B→（A→C)」を省略したものが，一般の因果律，A→Bなのである。

ここで，両者の違いを明確化するために，ごく日常的な事例を引き合いに出したい。

たとえば，「なぜ，部屋の電気を付けたのか」に対する説明として，「部屋が暗いから電気を付けた」という応答がなされる。この命題は，明らかに行動主体が介在することから，心的因果律に相当する。これと類似するものとして，「タクシーを拾おうと手を上に挙げた」や「知人に連絡したいので電話をかけた」等々が挙げられる。これらはいずれも，ある日常の行動を言語表現したものであり，心的因果律は，心が介在する度合いが高い。

ところで，前出の命題を一般の因果律で示すと，次のようになる。

「部屋が暗いから（A）」ということが「原因」となって，「電気を付けた（B）」という「結果」をもたらした，と。それを表現形式で示すと，一般の因果律よろしく，A→B，すなわちAだからBをした，となる。

果たして，この因果律は正しいのか。結論から述べると，これは正しくない。少なくとも，それは，思考したことを忠実にかつ正確に言葉として表現しているとは，いえない。

正しくは，次のようになる。「いまは部屋が暗い（A）が，電気を付ければ（B），暗くなくなる，ひいては，明るくなる（C）。ゆえに電気を付けた（B）。」となる。これは，真正の因果律，「B→（A→C）」として示される。つまり，この命題は，行動主体が電気を付けるという行動（B）によって，部屋が暗い状態（A）から暗くない状態，ひいては明るい状態（C）へと変化したことを表現しているのだ（実際，日常の会話でこれほど長々とした表現を用いると，会話自体，成り立たない）。一般の因果律のように，部屋が暗い（A）から電気を付けた（B）でも十分意味は通じるが，それは，コミュニケーション・会話の効率（以下，「会話の効率」に統一）および思考過程の縮減（というよりも，短縮）であって，思考を的確な言葉として表現していないのである。この場合のAとBを「～だから……」で結びつけるものは何もないにもかかわらず，私たちは会話の効率上，思考過程を省略して簡潔にこう表現していると考えられる。会話の効率上制作したものなのか，それとも，思考したことに忠実にかつ正確に表現・制作したものなのかこそ，一般の因果律と真正の因果律との決定的な違いとなる。

もっというと，私たちは無意識裡に，この命題を「A→B＆B→（A→C）」

と捉えているのかもしれない。ただ，こうした命題を日常会話の中で使用しているうちに，「変化」をともなう肝心の「B→（A→C）」を省略して，「A→B」に短縮したのではないかと考えられる。繰り返し強調すると，思考したことを忠実にかつ正確に表現・制作しているのは，「B→（A→C）」である。

裏を返すと，真正の因果律は，思考に忠実にかつ正確に制作されることから，「A→B」に「B→（A→C）」を加えた表現形式となる。強いていうと，「A→B」が，会話の効率上制作された表現形式であるのに対して，「B→（A→C）」は，思考に忠実にかつ正確に表現形式である。総じて，真正の因果律は，会話の効率性と思考の忠実性・正確性を兼ね備えた表現形式ということで，「A→B＆B→（A→C）」と制作することになる。たとえ，「A→B」の部分は不要なものであっても，その後に二つの変化を含む「B→（A→C）」が隠れていることを自覚できる限り，何ら問題はないのである。ところが，「変化」を表す，「B→（A→C）」を忘失もしくは無視して，単独で「A→B」を因果律（心的因果律）とみなして用いることは，明らかに「正しくない」のである（実は，「A→B」は心的因果律としてだけでなく，物的因果律としても「正しくない」ことについては後で明らかにする）。

3．実存的一回性としての真正の因果律

次に，前述した二つ目の課題について論述したい。

すでに，「いまはAであるが，Bをすれば，Cのようになる」と示される，真正の因果律の表現形式は，「変化」の部分を省略した一般の因果律を凌駕する，「正しい」ものであることが明らかになった。ところが，真正の因果律は，「行動科学」化され，行動随伴性の原理のもと，行動主体が，「好子出現の強化」がなされるある特定の行動を反復することで，それが有する意味のリアリティが失われてしまい，ルーチンと化してしまう。そもそも，「好子出現の強化」となるある特定の行動を反復することが，行動主体にとって望ましい変化

をもたらすのか。そのことが，一体，どのような事態を招来するのか，次に，療育の実践場面を通して明らかにしたい。

自ら発達障害キッズをサポートする会社を立ち上げ，放課後デイサービスを実践する佐藤典雄は，著書『療育なんかいらない！』[佐藤典雄，2016] の中で，応用行動分析（ABC分析）に基づく療育の問題点を鋭く指摘している。

佐藤を敷衍すると [佐藤典雄，2016：76-87]，自閉症の問題行動を改善する療育としては，主に二つの方法があるという。一つは物事を秩序立てる方法である「構造化」であり，もう一つはアメとムチ方式で自閉症の行動を制御する応用行動分析である。この二つの方法に共通するのは，物事の一貫性である。具体的には，一旦，子どものスケジュールを決めたら，変更しないと同時に，指示も変えない。要は，療育児を特定の行動パターン（ルーチン）に押し込むことが，療育の基本である，と。

ところで，応用行動分析に基づく療育では，「好子出現の強化」という行動随伴性に準じて，設定された行動目標のもと，セラピストの指示に自閉症児がしたがうとシールを一枚もらえるが，指示にしたがわず反則をするとシールを取り上げられる。そして，シールが一定の数に達すると，ご褒美がもらえる（これは，行動分析では有名な「エコノミー・トークン法」と呼ばれる方法である）。佐藤がかかわった子どもの場合，セラピストがいるときはその指示にしたがって行動をしていたが，いなくなった途端，セラピストから渡されたシール帳を破いて悔しそうに床に投げつけたという。当の子どもによる抵抗の意志表示を見ていた佐藤はそのとき，この療育は子どもにとって屈辱的なのだと悟ったと述べている。

さらに佐藤は，こうした応用行動分析に基づく療育は，動物の飼育法であり，前述した，シールを用いたエコノミー・トークン法のように，アメとムチを適切なタイミングで用いれば，動物の行動を制御できるのだとしている。応用行動分析が誕生したのはアメリカであるが――同時期，西欧では認知行動療法が流行していた――，ではなぜ動物の飼育法のような，行動分析をベースにした療育プログラムがアメリカで必要とされていたのか。その理由は，アメリカでは発達障害の若者による犯罪率が高かったことにある。だからこそ，彼らに対して子どものときから予防プログラムを施す必要があったのだ。つまり，若者の犯罪を減らすために，アメリカでは早期治療として行動分析を応用した療育プログラムが採用されていた。そのことからすると，応用行動分析という方法が動物を制御するのと同じように，人間（特に，子ども）を制御することになるのは当然の成り行きである。

このように，現在の療育は，療育児にとって不要と思われる行動を強制的に訓練するという抑制の発想を基本としており，その典型が応用行動分析に基づく療育なのである。当の子どもがシール表を破いて床に投げつけたのは，彼自身，ニンジンを前方にぶら下げて走る行動に駆り立てられた馬のように感じたからであろう。しかも，当の子どもおよびすべての関係者にとって療育プログラムの一貫性を重視するやり方は，彼らに「24 時間・応用行動分析での訓練」を強いることになる。これは，精神的な児童虐待以外の何ものでもない。佐藤はこうした手法を，かつて精神疾患患者の問題行動への制御法として用いたロボトミー手術や，自閉症治療である LSD 療法や電気ショック療法とオーバーラップさせて指弾している。

こうした事例をみる限り，応用行動分析（行動分析）の有する問題点は，筆者だけの偏見ではないと考えられる。前述したように，行動分析から抽出した思考法，もしくは，「正しい」表現形式やそれに含まれる「変化」，正確には，状況の「変化」およびそれに基づく自己の「変化」は秀逸な知見である。そして，この知見は，紛れもなく，行動分析の基底もしくは初発にある（あった）。

しかしながら，たとえ，そうした行動は，実存的一回性におけるリアルで濃密な「変化」をもたらすものであっても，それが行動科学の法則（行動随伴性の原理）に則って機械的に反復されるうちに，習慣やルーチンに成り下がり，いつのまにか対象（ひいては，前述の療育児）を制御するもの，そして抑制（管理）するものになり下がってしまうのである。そうした行動による「変化」のインパクトは，初回にこそある。百歩譲って，それは，せいぜい数回どまりであろう（その後，「変化」のインパクトは，低減する一方である）。

後述するように，精神分析が制作する因果律，すなわち心的決定論が「過去」決定論であるとすれば，行動分析の行動制御（型療育）は，「未来」決定論である。制御される当事者（療育児）からすると，自らの，少し先の未来を他者（当面は，セラピスト）に奪い取られてしまうことになるのだ。だからこそ，あの療育児は，屈辱てシート帳を破いて床に投げつけたのだ。

4．真正の因果律と理由律

こうして，筆者は，応用行動分析のABC分析から，本来，ある特定の行動が行動主体にとって実存的一回性においてなされることを根拠に，真正の因果律を抽出（再発見）した。再度，それを示すと，次のようになる（ここでは，筆者の表現形式に最も近い，行動分析家，島宗理の論述形式［島宗理，2014］を参考にした）。

「現状はＡであるが（Ａのとき），行動Ｂによって（Ｂをしたら）現状Ａが結果Ｃへ変化する（Ｃとなる）。ゆえに，行動Ｂをする。」＝「Ａ→Ｂ＆Ｂ→（Ａ→Ｃ）　∴Ｂ」

結論から述べると，「Ａ→Ｂ＆Ｂ→（Ａ→Ｃ）」は，すべての心的因果律において共通の表現形式となる。前出した事例を持ち出すと，「いまは部屋が暗い（Ａ）が，電気を付ければ（Ｂ），暗くなくなる（＝明るくなる）（Ｃ）。ゆえに電気を付ける（Ｂ）。」となる。こうした表現形式こそ，会話の効率性および思考の短縮性に抗しつつ，思考したことを忠実にかつ正確に言葉（命題）として表現・制作したものなのである。

ところで実は，この命題をもっとシンプルに表現できる方法がある。それは，ヘーゲル哲学者，高山守が提唱する，理由律に基づく表現形式である。理由律を用いると，この推論は，「部屋を明るくしたいから電気を付けた」とストレートに表現することができる。しかも，これは，会話の上でも有用である。

ところで，高山は『因果論の超克』［高山守，2010］の中で，いかなる因果律も存在し得ないことを論証しつつ，因果律に代替するものとして理由律を要請する。筆者からみて，高山の功績は，大きく二つある。一つは，これまで述べてきた一般の因果律（A→ B）を物的因果律を含めて否定したことである。もう一つは，心的因果律を理由律へと進展させたことである。因果律について言及する場合，物的因果律を避けることができないことから，次に，高山の因果律超克論を手がかりに，物的因果律について言及したい（本書の目的は，あくまでも心的因果律の解明であり，物的因果律の解明は目的外になるが，簡潔にまとめることにする）。予め述べると，高山は物的因果律を「真近の因果律」と「遠隔の因果律」という二つに分類している。

（1）物的因果律についての解明

まず，「真近の因果律」［高山守，2010：84-104］についてその典型的事例を通して説明したい。

その事例としては，「なぜコップが割れたのか」という原因の追求に対して，「コップが落下したから割れた」（「AだからBになる」）という結果が説明的再構成・再現となる。この場合，「結果的必然性」と「原因的必然性」が同時に成立する。というよりも，真近の因果律は，ミニマムな行動主体である観察者が，自然科学の法則（この場合は，万有引力の法則）を任意の二点で切り取り，「原因－結果」の表現形式で繋ぎ合わせた上で命題化したものである。真近の因果律は，本来，一つのできごと（万有引力の法則）を観察者が「原因」と「結果」という二つの概念によって分節化して説明的再現・再構成したものなのだ。

いま述べた，真近の因果律は物的因果律としては基本的なものである。これに対して，次に述べる「遠隔の因果律」は，やや複雑なものとなる。次に，「遠隔の因果律」［高山守，2010：52-83］についてその典型的事例を通して説明したい。

その事例は，「なぜ（あの）家屋が燃焼したのか」であるが，これは，「電気回路がショートしたから家屋が燃焼した」というように,「原因－結果」の表現形式で示される。ところが,遠隔の因果律の場合,「結果的必然性」は成立し得ても「原因的必然性」は成立し得ない。つまり,「電気回路がショートしたから家屋が燃焼した」ということ自体,成立し得ない。ここでは詳細な説明を省くが,正しくは,「電気回路のショートによって電気回路に大量の電流が流れて発熱したから(あの)家屋が燃焼した」である。この事例は,「電気回路のショートで発熱したことが原因で,火の手があがり,その火が時間の経過とともに,紙,カーテンへと次々に燃え移り,家屋が燃焼した」と表すことができる。この場合,「電気のショートおよび発熱」が原因,「十分な酸素,多くの燃焼物等々」が「諸要素」,「家屋の燃焼」が「帰結」といった三者から成る。つまり,遠隔の因果律は,「原因＋諸要素」／「帰結」,そして,「原因＋諸要素」＝「理由」と置き換えると,「理由／帰結」とシンプルな形で表される。というのも,遠隔の因果律の場合,「電気回路のショートによる発熱」という「原因」だけでは,必ずしも「家屋の燃焼」という「結果」をもたらすとは限らず,「十分な酸素があること」や「カーテンなどの多くの可燃物があること」が「家屋の燃焼」の条件として必要になるからである。したがって,遠隔の因果律は,標準の物的因果律であり,それは「原因＋諸要素／結果(帰結)」と示される。また,それは,すでに述べたように,「理由／帰結」という理由律として示すことができる。一般の因果律は,「諸要素」を無視することから,理由律が要請されるのである。興味深いことに,理由律は,「原因」,間接的「原因」(縁),「結果」といった三者が結びついて起こると捉える,仏教の縁起(因果律)と通底している。

前出した家屋の燃焼をはじめ,交通事故,殺傷事件等々,複雑な事象についての物的因果律は,遠隔の因果律,すなわち理由律によって十全に示すことができる。

(2)心的因果律としての理由律

ところで，高山が提唱した理由律は，前述したように，あくまでも物的因果律の不十分さを超克するために要請されたものである。にもかかわらず，心的因果律を構築する上で有益なものであると考えられる。

高山は，心的因果律にかかわる因果推論の中で発現する「思い」を二つに分けることによって，理由律が心的因果律であることを提示する［高山守，2013：145］。

一つは，行動を起こすに到らない「単なる思い」，すなわち想念・妄念である。もう一つは，行動を起こすに到る「引き起こす思い」である。前者が，単なる思い・想念・妄念もしくは先行する思いであり，実際の行動につながらないものであるのに対して，後者は，行動を引き起こすまでに到る思いである。したがって，「思い」は，「～する」，「～したい」などの行動の未完了形（現在形や希望・期待を含む未来形）で表されるのに対して，「引き起こす思い」は，「～した」，「～してしまった」などの行動の完了形で表される。

前出の例で説明すると，「単なる思い」が，「部屋を明るくしたい」と頭の中で思うだけで行動を起こすには到らないのに対して，「引き起こす思い」は，「部屋を明るくしたいから，電気を付けた」というように，行動の完了（＝帰結）をともなう。つまり，「引き起こす思い」は，行動の完了（＝帰結）と同時に切り取られる。したがって，それは，「引き起こす思い」によって駆動する「理由／帰結」と表すのが妥当である。

総じて，理由律に基づくと，前出の因果推論は，「部屋を明るくしたい」という「引き起こす思い」から「部屋の電気を付ける」という行動を起こした（端的には，「部屋を明るくしたいから，部屋の電気を付けた」），ということになる。この場合，「部屋を明るくしたい」と「電気を付けた」とは，同時に起こった一つのできごとである。裏を返すと，「引き起こす思い」は，行動が完了して初めて，因果推論として表現される。「明るくしたい」という「思い」だけでは，「電気を付ける」という行動は，完了・完結しないだけでなく，表現することさえままならないのである。

さらに，理由律に基づいて表現した「部屋を明るくしたいから，電気を付けた」は，ABC分析の立場から次のように分析することができる。それは，「電気（のスイッチ）を付ける」という「原因」，「停電していない・電気をとめられていない・外が明るくない・電気のスイッチや電気回路が壊れていない」といった「諸要素」，「電気が付く」という「結果」といった三者の総合，すなわち，「原因＋諸要素＋結果」（という三者）の総合として，この一つの行動が起こされる，と。つまり，一般の因果律では，「原因＋結果」と捉えるところを，理由律では，物的因果律，特に遠隔の因果律ですでに述べたように，「原因＋諸要素＋結果」の総合，すなわち「原因＋諸要素＝理由」＋「(行動の）結果＝帰結」，総じて「理由＋帰結」(実質は，「理由／帰結」）と捉えるのである。

こうして，理由律は，「理由／帰結」と定式化することができる。心的因果律に限定して理由律を捉えると，「引き起こす思い」が特定の「帰結」に到るのである。そして，理由律は，心的できごとの「なぜ（どうして)」という疑問に対する説明的再構成・再現を，「理由／帰結」と実にシンプルな形で表す。

ここまで述べたことを整理すると，「部屋が暗いから電気を付けた」という因果推論は，一般の因果律では，「部屋が暗い＝原因（A）／電気を付けた＝結果（B)」，すなわちA→Bと示されるが，それは，「正しくない」因果律である。

これに対して，「正しい」因果律は，「いまは部屋が暗い（A）が，電気を付ければ（B)，暗くなくなる（＝明るくなる)（C)。ゆえに電気を付ける（B)。」となる（「A→B＆B→（A→C)」)。

そして，この真正の因果律と同じ程度，否，それ以上に的確に表すものこそ，理由律である。それは，「『部屋を明るくしたい』という『引き起こす思い』(理由）から『電気を付ける』という行動を起こした（帰結)。」となる。

しかも，理由律は，「部屋を明るくしたいから，電気を付けた」というように，実に短い表現形式となる。したがって，理由律は，会話の効率性と思考の忠実性・正確性の両者を兼ね備えた十全の表現形式だと考えられる。

真正の因果律と理由律を比較する限り，両者は，実質上，同程度に「正しい」思考法であると考えられる。とはいえ，私たちからすると，ある心的事象を理由律で表現することは難しい。というのも，そのときの心的事象を，自己または他者が何をしたいのか，咄嗟に分析しなければならないからである（会話の効率や思考の短縮を常態とする私たちにとってこうした作業はきわめて難しいと思われる）。

したがって，私たちはまず，ある心的事象を，理由律と同等の，実存的一回性という意味での，真正の因果律によって制作すればよいと考えられる。そして，真正の因果律で制作した因果推論を（後から）理由律に基づいてシンプルに制作し直せばよいのである。真正の因果律をベースに，それを理由律へと変換することは，可能である。

重要なことは，真正の因果律にも，理由律にも，状況の変化およびそうした変化による自己の変化が，行動主体の立場から表現されているということである。

Ⅱ．当事者の理由分析とその支援
――心理療法を超えて

これまで，応用行動分析（ABC分析）を手がかりに，実存的一回性に基づく真正の因果律（「Ａ→Ｂ＆Ｂ→（Ａ→Ｃ）」）と，それと同等・同格の，心的因果律としての理由律（「引き起こす思い」によって駆動する「理由／帰結」）を「正しい」因果律として抽出してきた（理由律は，「原因＋諸要素＋結果」を「正しい」因果律として捉えることから因果律の進展態と捉えることができる）。この二つが「正しい」因果律（心的因果律）であるとして，それらをどのように，不登校児などの当事者（エージェント）に活用することができるのか。次に，この点について論述することにしたい。この場合の活用仕方としては，当事者が自ら行動の因果律や理由律を用いることから，いわゆる一般の心理療法や心の支援とは異なる。不登校などの問題を抱える当事者は，他者から支援を受けながら，真正の因果律や理由律を活用して問題行動に到った理由や動機を自ら考え，解明することになる。ここで，そうした営みのことを「理由・動機分析」と呼ぶことにする（以下，「理由分析」と略記）。なお，ここでいう問題行動は，当事者が自ら問題行動だと捉えているものであって，社会通念によって意味づけられたものではない。

1．当事者の理由分析の方法と支援態勢

当事者にとって自らの問題を解決するために，まず必要なことは，当事者自らが問題解決する主体であるのを認識することである。そして，当事者は，真正の因果律や理由律という思考形式を習得した上で，それを使用して，自ら問題を抱えるに到った理由や動機，あるいは問題行動を起こすに到った理由や動機を自ら分析することである。

一般に，不登校をはじめ，問題行動を起こした原因については，専門家が自

らの経験や常識，心理学的な知識（そこには因果律も含む）を駆使してあれこれと考え，もっともらしい原因や理由を探そうとするが，そうした探求は大抵，当事者とはかけ離れたものである。というのも，それは当事者自身が考えたものではないからである。そのことは，至極当たり前のことである。むしろ，当事者にとって真の理由や動機は，「正しい」因果律や理由律によって初めて明らかになる。こうした当事者の理由分析において必要となるのは，その理由分析を判断・評価できる思考指導の支援者の存在である。

繰り返し強調すると，当事者が自らの問題行動を改善・解決するために必要なのは，真正の因果律や理由律という思考形式に基づく理由分析と，その理由分析を精査する思考指導の支援者である。

すぐ後で不登校当事者を通して例示するように，当事者がＢ（不登校になる）ことで，Ａ（不登校前の状態）からＣ（不登校後の状態）へと「変化」したこと――ひいては「好子出現の強化」――こそ，当事者が不登校になった理由や動機となるが，問題解決はこうした理由分析を行わずしては何も始まらないのである。真正の因果律や理由律に基づく理由分析こそ，問題解決の要なのだ。なお，理由分析の詳細は，事例を通してみていきたい。

ここで急いで付け加えなければならないことが，二つある。

一つは，当事者の理由分析においても，一般のセラピストやカウンセラーと同様に，支援者（思考指導者）の存在そのものが当事者にとって問題行動を改善するキーパーソンとなる場合がある，ということである。

もう一つは，当事者が自ら理由分析を行った結果，たとえ個人的には「善」，すなわち置かれた状況において最善の判断であるが，社会通念に抵触するものであっても，支援者が頭ごなしに否定せずに，当事者自身の考えにつきあうことである。実は，後で事例を通して述べるように，ある問題を抱えた当事者にとって，先行事象（A）が後発事象（C）へと変化する行動（Ｂ）が，社会通念や社会秩序に反することは少なからずある。思考指導者としての支援者は，当事者にとってＡ→Ｃとなる行動（Ｂ）の選択およびその理由や動機が何でもありという態勢で，支援に臨まなければならないのだ。

2．不登校当事者の思考指導
――具体例に沿って

では次に，不登校当事者（以下，「当事者」と略記）を通して思考指導のあり方について述べることにする。

たとえば，当事者（中学生M）は突然，学校に行かなくなった，いわゆる不登校になった。どうして，Mは，学校に行かなくなったのかについて，この場合，「学校に行かなくなった理由」と「学校に行かなくなるのをやめた理由」の両面，すなわち「行うこと」のメリットと「行わないこと」のデメリットの両面を考えた上で，「学校に行かないこと」を選択・決定したと考えられる。たとえ，Mがこうした理由分析をした上で「学校に行かないこと」を選択・決定したのではないにしても，M自身にとって「学校に行かない理由」が「学校に行く理由」を上回ったからこそ，学校に行かなくなったと考えるのが妥当である。

真正の因果律からすると，Mは，Aの状況がCの状況へと「変化」するからこそ――総じて，学校に行かないことのメリットがデメリットを上回ったからこそ――，「行動（B）＝学校に行かないこと」を選択したと記述することができる。その一方で，Mが意識できていないことがある。それは何かというと，Aの状況からCの状況へと「変化」するからこそ――すなわち，学校に行かないことのデメリットがメリットを上回るからこそ――，「行動（B）＝学校に行かないこと」を選択・決定しなかったという可能性である。私たちは行動しなかったことについて考えることは困難であり，Mは実際，学校に行かないことを選択したわけであるから，学校に行った（不登校にならなかった）ことについて考えるのはきわめて困難なはずである。ただそれでも，本当のところ，Mは学校に行かないことのデメリットを斟酌した上でそれでもなお，学校に行かないことを選択・決定したわけであるから，そのことの意義を認識する必要がある。なお，次に挙げる「学校に行かないこと」についての，メリットとデメリットには各々，当事者にとって強いものもあれば，弱いものもある（個々人によってメリットとデメリットの強さは異なる）。

まず，Mからみて，学校に行かないという「行動（B）」を起こすことが，Aという状況（現状）からCという新たな状況へと「変化」するからこそ，学校に行かなくなったわけであるが，それを因果推論で表すと，次のようになる。

「学校に行かなければ，(α)。だから学校に行かなくなった。」 「学校に行かなければ，(β)。だから学校に行かないことをやめた。」

この（α）には，学校に行かなくなった場合の理由（メリット）が，(β）には，学校に行かなくなるのをやめた理由（デメリット）が，各々，挿入される。なお，（α)，(β）の各々に該当する理由については，行動が顕著に発現する，いわゆる「強い」理由の方のみを取り上げる。具体的には，学校に行かなくなった「理由（メリット)」としては「(1)好子出現の強化」を，学校に行かないことをやめる「理由（デメリット)」としては「(3)嫌子出現の弱化」を，取り上げることにした（行動が顕著に発現しない)，すなわち「弱い」理由にすぎない，「(2)嫌子消失の強化」と「(4)好子消失の弱化」は取り上げないことにする。実際には，(2)は(1)と同様，（α）のリストの中に，(4)は(3)と同様，(β）のリストの中に，各々包括される)。

これから（α）と（β）の各々に該当する理由を記述するが，それは，特定（個々）の当事者から聞き出した理由ではなく，さまざまな不登校当事者が語る理由を網羅したものである。それは，当事者の理由についての集合知である。当事者の思考指導を実践する場合は，当然のことながら，不登校になった個々の当事者から不登校になったことで生じた（あるいは，生じるであろう）メリットとデメリットについて具体的に聞き出すことになる。

まず，（α）に挿入されるものとして考えられるのは，「良い結果が出てくる（「悪い結果が出なくなる」も含む）」であり，そのごく一部として具体的には，通学時間がなくなる／家族やペットとの時間が増える／趣味など好きなことをする時間が増える／校則から解放される／嫌いな勉強から解放される／時間に縛られない／親に心配をしてもらえる／友達や先生とのしがらみから解放される／等々が挙げられる。これらの理由のリストは，不登校当事者が抱くであろう思いの強さを，弱いものから強いものへという順序で作成したものである。

次に，（β）に挿入されるものとして考えられるのは，「悪い結果が出てくる（「良い結果が出なくなる」も含む）」であり，そのごく一部として具体的には，内申点に響く／学校に行きづらくなる／クラスでの存在感が薄くなる／友人が減る（いなくなる）／勉強が遅れる／親が悲しむ／（学校に行かなければ）家族との関係が悪くなる／等々が挙げられる。これらの理由のリストも，前述したリストと同様，不登校当事者が抱くであろう思いの強さを，弱いものから強いものへという順序で作成したものである。

Mの場合，実際に学校に行かなくなったわけであるから，「行う理由」が「行わない理由」を上回ったはずである。Mは「行わない理由」に該当する（β）の理由群，すなわち「悪い結果が出てくる」としても，「行う理由」に該当する（α）の理由群，すなわち「良い結果が出てくる」からこそ，学校に行かなくなったのだ。Mが「良い結果が出てくる」（α）の集合のうち，どれが，もしくはどれとどれが（二つ以上のメリットも想定される）該当する理由であるかは，当事者しか知り得ないため，確定することはできない。ただ，少なくともいえることは，これらのうちのどれ（とどれか）が，当事者にとって変化させたいこと（A→C）や「引き起こす思い（十分な理由）」となったからこそ，不登校を選択したということである。

以上のことから，当事者を思考指導するとすればその支援者は，当事者自身の「引き起こす思い（十分な理由）」を手がかりに，当事者の行動を改善するための手段を当事者と一緒に考えていけばよいことになる。行動を是正するために必要なことは，当事者自身が問題行動を引き起こした思い（十分な理由）を具体的にかつ個別的に理解することなのである。

こうした理由分析が当事者および思考指導の支援者によって，できる限り正確にかつ具体的に行われることこそ，肝要である。裏を返せば，従来の心理療法は当事者の「説明」に終始するだけでなく，当事者の行動を当事者の個別の文脈に沿って正確にかつ具体的に理解してこなかったと考えられる。

3．極限状況に置かれた当事者の行動選択

以上，当事者が自らの問題行動を改善することに向けて，支援者から思考指導を受けつつも，真正の因果律や理由律によって理由分析を行うプロセスについて述べてきた。前出した当事者のケースでは，私たちにとっても，理解できる事例であると思われる。

しかしながら，世の中には，私たちからみると，理解を超えた当事者の行動が散見される。それは，まったく不可解な行動といえる類いのものである。その事例の一つとして，つい最近起こった騒音をめぐる隣人トラブル（殺人事件）を取り上げたい。

殺人事件のように，異常な行動の場合，理由律によって当事者の理由分析を行えることは稀である。こうしたケースでは，理由律と同等の，真正の因果律を用いて理由分析を行うことが得策である。

本事例の概要は，次の通りである。

単身用マンションで殺人事件が起こった。階上（真上）の部屋の隣人（被害者）は時折，深夜まで大学の友だちと騒ぐことがあった。当事者（加害者）は，騒音のことでその隣人に対して再三注意をしていた。そうした最中，当事者はその隣人の殺人計画を練り，それを実行に移した。その結果，その隣人は殺害された。しかも，当事者は，警察が本事件を調査している最中，自分の部屋に放火し，自殺を図ったのである。

本事例の当事者はどうして隣人を殺害したのか。その理由や動機を真正の因果律によって分析すると，次のようになる。すなわち，当事者は，A（騒音がある状態）からC（騒音がない状態）へと「変化」させるために，B（隣人を殺害するという行動）をしたのである，と。つまり，当事者にとって，A（騒音がある状態）からC（騒音がない状態）へと「変化」させる行動として，B（隣人を殺害するという行動）を選択したのである。

この当事者は，騒音（生活騒音）問題を解決するために，他者を殺すという，通常ではあり得ない行動を選択したわけであるが，A（騒音がある状態）からC（騒音がない状態）へと「変化」させる行動や方法であれば，さまざまなものが考えられたはずである。

ところで，そうした行動や方法としては，当事者がある行動を採ることで解決できるタイプと，当事者が隣人にある行動をとらせることで解決できるタイプといった二つが想定される。行動の向かう先で述べると，自己に向かうものと，他者に向かうものということになる。

まず，当事者がある行動を採ることで解決できるタイプとしては，次の行動が想定される。なお，そうした行動を，穏やかなものから過激なものへという順序で列挙すると，次のようになる。

耳を塞ぐ／耳栓をする／ヘッドホンで音楽を聴く／寝る（布団に潜る）／家を出る／……／引っ越しをする／自分の鼓膜を破る／自殺する（実際には，もっと多くの行動や方法が挙げられる）。

騒音から逃れるために当事者が採る行動のうち，「耳を塞ぐ」から「家を出る」までは，誰もが採るであろう行動であるのに対して，「自殺する」は，尋常ではない。ただ注意すべきなのは，この場合，列挙したこれらの行動が，A（騒音がある状態）からC（騒音がない状態）へと「変化」させる行動として，同等のものだということである。

次に，当事者が隣人にある行動を採らせることで解決し得るタイプとしては，次の行動が想定される。なお，そうした行動を，穏やかなものから過激なものへという順序で列挙すると，次のようになる。

「静かにしてくれ」とお願いをしに行く／「うるさい」と怒鳴りつける／管理人に言いつける／警察を呼んで注意してもらう／隣人のドアを蹴る／……／隣人の家の玄関に死んだネコを置く／家を放火する／隣人を殺す（実際には，もっと多くの行動や方法が挙げられる）。

騒音から逃れるために当事者が隣人に対して採る行動のうち，「『静かにしてくれ』とお願いをしに行く」から「隣人のドアを蹴る」までは，ときと場合によっては誰もが選択するものであるのに対して（実際，加害者はすでに隣人を怒鳴りつけていた），「隣人の家の玄関に死んだネコを置く」から「隣人を殺す」までは，尋常とはいえない。ただ注意すべきなのは，この場合もまた，列挙したこれらの，他者に対する行動が，A（騒音がある状態）からC（騒音がない状態）へと「変化」させる行動として，同等のものだということである。大半の人たちにとって，「隣人を殺す」は論外であり，あり得ないことだと一笑に付すかもしれない。

しかしながら，実際，生活騒音程度で殺人事件は起こったのである。しかも，これと類似した事件は，1974年のピアノ殺人事件（母子三人を殺害）をはじめ，これまで少なくとも数件は起こっている。では，そのことをどう説明すればよいのか。

実は，ここで私たちの大半が度外視しているもしくは見逃していることがある。それは一体何か――これらの異常な行動（手段）を選択し実行する当事者が，その行動に及んだとき，どのような状況にあったのか（あるいは，どのような状況に置かれていたのか）について，私たちはまったく知らないということである。

正確に述べると，私たちの大半は，A→Cという「変化」を起こす行動（B）を実行する当事者が一体，どのような状況にあるのかについて知らないどころか，あまりにもそれが極限状況であるため，想像することさえ困難なのである。

いま述べたことは，わが身に置き換えて考えることができる。たとえば，他人から「あなたは絶対に自殺しないといえるか」と問われたとき，私は咄嗟に「自殺しないとは断言できない（自殺するかもしれない）」と答えざるを得ない。というのも，たとえば，私が不条理にも，山で滑落・遭難して救出される見込みのないまま，（大怪我のせいで）いま，このわが身を襲うこの，筆舌に尽くしがたい肉体の痛み（激痛）にあるとき，一刻も早くこの状況から逃れるために，自ら命を絶つかもしれないからである。つまり，このときの私は，A（痛みのある状態）からC（痛みのない状態）へと「変化」させる行動として，自殺を選択するわけである。この場合，自殺する理由や動機は，この，形而下的な痛みから解放される一点にこそある。これは，正当な，自殺の動機となる。

確かに，このケースと，前出の殺人事件を同レベルで捉えることは適切でないかもしれない。ところが，両者とも，AからCへと「変化」させる行動およびその理由・動機ということでは，同じなのである。したがって，加害者が騒音から逃れたいがために，隣人を殺害するという行動を選択したことおよびその理由・動機を知るためには，そのときの加害者が置かれた状況を知る必要があるのだ。ここで注意すべきなのは，当事者が置かれた状況だけが肝心であって，当事者がどのような者であるのかは一切関係ないということである。ましてや，当事者が変質者，異常性愛者，何らかの精神疾患を持つ者等々という具合に，当事者を特別視してはならない。裏を返せば，ごく普通の人であっても，置かれた状況によっては，前述したような，想定外の行動を選択・実行する可能性があるのだ。

もしかすると，思いも寄らない行動（手段）を採る者は，隣人を殺害した加害者のように，たとえば「自室に引きこもっているので，音に敏感である」，「階上の隣人が自分に嫌がらせしようとわざと騒音を流している」，「不眠でなかなか寝つけない」等々といった状況に置かれているかもしれないのである。

さらに，切迫した状況に置かれたとき，前出の当事者でなくても，その状況を変えるために，自己自身に危害を加えたり（「自殺」），他人に危害を加えたり（「他殺」）することは，起こり得るのである。ここまでくると，当事者からみて殺意を向ける矛先が自己であっても他者であっても，さして変わらなくなる。両者の結果はともに，当事者にとって最悪の状況AをCに変える究極の行動なのだ。ここまで考えない限り，世の中で起こっている不条理な事件を理解することはできないのではなかろうか。

繰り返すと，「隣人の騒音がうるさいから殺す（殺した）」のではない。「隣人の騒音がうるさいが，殺せばうるさくなくなる。だから殺す（殺した）。」のである。理由律で表現すると，「隣人の騒音が聞こえないようにしたい」という「引き起こす思い」が「隣人を殺す（殺した）」という行動に向かわせる，となる。

以上述べてきたことからすると，たとえ，犯罪学者が数多のデータを統計解析することによって，犯罪の危険因子を抽出したとしても，犯罪者が犯罪行動を起こす理由や動機の解明には到らないと考えられる。犯罪学が析出できるのは，あくまでも平均的な犯罪の理由や動機にすぎない。というのも，犯罪行動もまた，他の行動と同じく，個々人がAをCに「変化」させるもの，もしくは，「〜したい」という「引き起こす思い」がある帰結をもたらすもの，それ以外には考えようがないからである。

Ⅲ．精神分析における心的因果律
――その批判的検討

心理療法の分野で因果律といえば，まず想起されるのは，フロイトの精神分析（自我心理学）の原因論（病因論）である。フロイトの原因論および因果律に言及する前に，その影響を受けた現代の心理療法である，J.ハーマンの記憶回復療法の事例をみていくことにする。

たとえば，あるクライエントは，「仕事がうまくいかない」，他のクライエントは，「いつも人間関係が破綻してしまう」，また他のクライエントは，「恋愛しても失敗ばかり」という。これらのクライエントは皆，「どうして（なぜ），私だけがこのような人生を送らないといけないのか」と思っている。そして彼らは，「何か，私の知らないところに原因があるのではないか」と思い始める。

そして，こうしたクライエントが，セラピストの元を訪れて，面接を受けると，セラピストは，「あなたの子ども時代はどうでしたか。」，あるいはもっと明確に，「こうなった原因は，あなたの子ども時代にあったのではないですか。」と述べる。

さらに続けて，セラピストは，クライアントに次のように尋ねる。

「あなたが子どものとき，親との関係はうまくいっていましたか。親がアルコールやギャンブルのせいであなたに暴力を振るい，もしかすると，あなたは親から虐待されていたのではありませんか。」，と。セラピストはさらに，「それでもあなたは，“ いい子 ”になろうとして，そういう過去の惨めな記憶を忘却したのではないですか。」と追い打ちをかける。

いま述べた，「セラピスト－クライアント」のやりとりは，U.ヌーバーの著書［Nuber，1995=1997］を参考に，筆者が作話したものである。ヌーバーは，こうした，セラピストとクライエントのやりとり，ひいてはセラピーのあり方を危険視している。こうしたやりとりからわかるように，クライエントからすると，忘却した過去の記憶を呼び起こすセラピーの作業が，クライアントとセラピストの共同作業によって子ども時代のトラウマという「大きな物語」を構築（再構築）していくものとなっている。セラピストは，心の専門家としての自己が想定するフレームワーク（「トラウマ」）にクライエントを誘導するその一方で，クライエントは，セラピストに気に入られようとして，セラピストによって期待される答えを語っていくのである。

それればかりか，ハーマンの記憶回復療法は，クライエントが過去の子ども時代に親から受けた虐待（性的虐待）の記憶をクライエント自身に想起させることを通して，親を加害者に仕立ててしまう。実際，このセラピーを通して，多くの親がいわれのない虐待を「子ども」から訴えられ，社会事件にまで発展した。ところが，大抵の場合，クライエントは現在，うまくいかないことや，良い人生を送ることができないことを，親に責任転嫁したいだけなのではないか。なお，ハーマンの影響は，一時期，わが国においても，トラウマ研究者が編集した『日本一醜い母への手紙』［Create Media，1997］という書籍の出版などを通して広まった。

ところで，ハーマンの記憶回復療法の基礎は，フロイトの「心的決定論（psychic determinism）」という精神分析仮説にある。次に，この精神分析仮説について述べることにしたい。

「心的決定論」とは，人間の日常生活における精神活動や行動，すなわち意識に発現する事象（心的現象）には，無意識的に存在する何らかの原因があり，それによって人間の言動は規定されている，というものである。簡潔にいうと，人間の言動（心的現象）は，無意識（の法則）にしたがっているというわけである。

記憶回復療法についての論述と重複するが，心的決定論の立場からすると，クライエントは，子ども（乳幼児）のときに起こった家庭での不和，すなわち親からの虐待（性的虐待），不適切な育児（マルトリートメント）などがトラウマとなって，神経症を発症すると捉えられる。つまり，クライエントが神経症（という結果）になったのは，子どものときのトラウマが原因だというわけである。

これは，従来の精神分析（理論）がビルトインしている特殊な時間構造である。つまり，「クライエントの神経症」という「現在の結果」は，「過去のトラウマ」が「原因」であり，「過去→現在」において因果律が成立することになる。これは，前述してきた，一般の因果律，すなわちA→Bそのものである。

しかも，こうした因果律は，すべての人間にあてはまるという。すべての人間において，子どものときにトラウマになるような，虐待や不適切な育児などを受け（続け）たならば，誰もが神経症になる可能性があるのだ，と。同一の「原因」からは，同一の「結果」が生じる，というのを決定論だと規定すれば，この因果律は，過去決定論であることになる。トラウマと神経症の関係は，精神分析にとって究極の因果関係（因果律）なのだ（なお，ここでは，フロイトの自我心理学と，自己心理学などの精神分析学派との相違については言及しない）。

ところで，フロイトが構築した，精神分析における因果律は，前述した記憶回復療法だけでなく，それ以前に，保育・教育界にのっぴきならない影響を与えてきた。

前述したように，この因果律は，「乳幼児期に親からの虐待を契機に，何らかの外傷体験（トラウマ）を受けたことが原因となって，クライエントは神経症（という結果）になった」というものであった。つまり，セラピスト（精神分析家）は，クライエントの神経症の原因を過去（乳幼児期）のトラウマに見出した。セラピストは，現在から過去へと遡及することで原因を見出したのだ。これは，ある意味において“正しい”因果律である。

しかしながら，あるとき，この因果律が意図的に転倒された。転倒されるどころか，誤って転倒された因果律が保育・教育界で用いられたのである。

転倒された上で使用された因果律とは，次のようなものである。すなわち，神経症を発症するクライエントは，子ども時代の，親との不和や虐待に原因があるわけだから，乳幼児のときから，親との不和や確執，親からの虐待を取り除き，子どもをより一層庇護するならば，乳幼児が青年や大人になったときに神経症をはじめ，心の問題が起こらないのではないか，と。この因果律とは，予め，神経症の原因を除去すれば，心の病気にならないという，転倒された因果律なのである。

繰り返すと，クライエントが神経症になったという「結果」が，過去（乳幼児期）のトラウマが「原因」であると捉える，精神分析本来の思考法・論理は，転倒・曲解されて，「原因」→「結果」という思考法，すなわち，人間が乳幼児期に親から虐待されることなく十全に育つならば，そのことが原因となって，その子どもが青年や大人になったとき神経症など心の病気にならないという結果をもたらす，という思考法・論理へとすり替えられたのである。つまり，精神分析における「結果」→「原因」という因果律は，「原因」→「結果」へと反転したのだ。

その結果，（精神分析界の影響力の強い）アメリカの保育・教育界では，「（小さいときから）子どもに対して親や大人が不快な体験，たとえばしつけや教育を行わない」といった自由保育・自由教育が促進された。その結果，1960 年代のアメリカでは，青少年の問題行動，たとえばドラッグ，援助交際，暴力行為などが激増した（D.オファによると［Offer, 1973］，青少年の問題行動は，優に三十万人を超えていたという）。

このように，精神分析の因果律は，それ自体，子ども時代のトラウマを原因とする過去決定論であるだけでなく，その因果律の転倒，そして，転倒された因果律の濫用によって多くの人たちに悪影響を与えてきたのである。その意味でも，精神分析の因果律は，誤った観念として批判されるべきである。

ただ，心理療法を実践する多くのセラピストは，精神分析の原因論および因果律，特にトラウマに基づく過去決定論を特殊なものだと自ら切断するであろう。確かに，それは，自然科学の物的因果律よろしく，直線的，不可逆的な時間の過去－現在－未来をベースに，「過去＝原因」―「現在＝結果」関係として自動的に制作されたものである。ところが，筆者は，行動分析の立場から精神分析以外の，ごく一般の心理学・心理療法においても，「正しくない」因果律が制作・使用されていることから，その批判的検討を進めていくことにする。

そうした，心理学における「正しくない」因果律は，前述したように，「性格が悪いから対人関係がうまくいかない」や「意志が弱いから禁煙できない」等々というように，現在においても，私たちによって，自然に制作されているのである。

Ⅳ．心理療法における心的因果律の批判的検討

1．医学モデルにおける因果律

一般の心理療法の因果律について述べるために，予め，心理療法が依拠してきたモデルについて述べることにしたい。

一般に，心理療法は，医学が構築してきた枠組みやモデルを自らのモデルとしてきた（ここでは，それを「内科医モデル」と呼ぶことにする)。ところで，医学（近代西洋医学）が進展してきた契機は主に，戦争と感染症の二つである。医学が直面したのは，戦争で負傷した兵士をどのように治療するかということであり，見えない形で襲いくる結核やコレラなどの感染症から国民をどのように守るかということであった。

医学は，戦争で負傷した兵士に対しては，傷の縫合や処置など外科的治療を施した。また，感染症については，結核やコレラなどの感染症への対抗のため，原因となる細菌を駆除する薬を開発してきた。具体的には，それらは，抗生物質であるストレプトマイシンやBCGの予防接種などの内科的治療である。

このように，怪我によって患部が痛む，とか，細菌に感染し，感染症の症状が出たといった場合，原因が患部または症状と一致することから，医学は絶大な威力を発揮できたのである。

ところで，心理療法が自ら範型としてきた内科医モデルは，行動分析家，J.ランメロとN.トールネケによって，図2［Ramnerö, Törneke, 2008＝2009：33］のように示される（70ページ参照）。

図2は，医学モデルの標準形である。

図2に沿いつつ，一例を通して説明したい。「話をすると，喉が痛む」と訴える患者が，内科医の治療を受けにきたとする。この患者に対して，内科医は図2のような手順で診断を下し，治療の手続きを行う。内科医はまず，患者の重要な症状（兆候）を記述し，そして要約を行う。

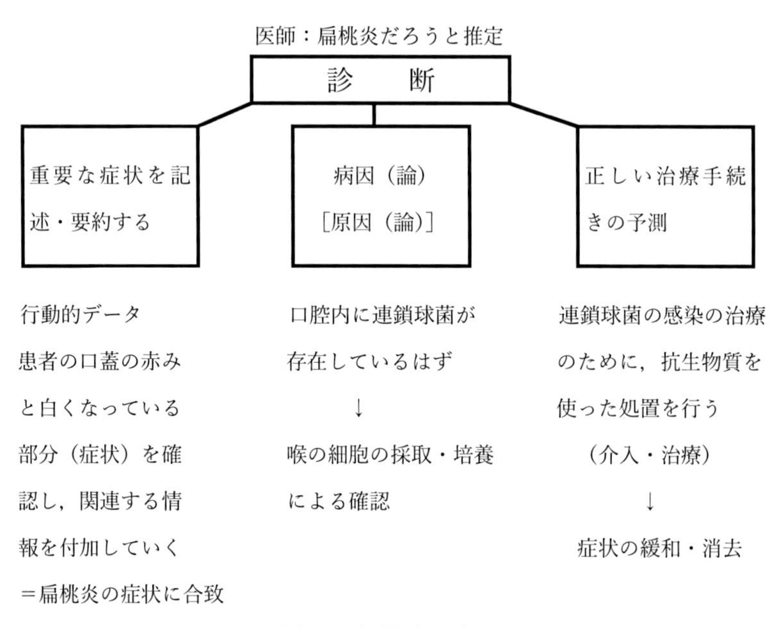

図２　内科医モデル

図２に示されるように，内科医は，重要な症状として患者の口蓋の赤みと白くなっている部分（症状）を確認するとともに，それに関連のある情報を付け加えていく。その結果，いままでの経験からこの患者の症状は，扁桃炎の症状に合致していることがわかる。内科医は，重要な症状から扁桃炎だと診断を下し，そのことを前提に，次に病因（原因）を探っていく。もし，これが扁桃炎であるならば，口腔内に連鎖球菌が存在しているはずである，と。そして，内科医は，患者の喉の細胞を採取し，培養して連鎖球菌があることを確認する。培養検査の結果，予想通り，連鎖球菌が発見された。これでこの患者は連鎖球菌が原因で起こる扁桃炎であることが実証されたことになる。次に，内科医は，連鎖球菌の感染を治療するために，抗生物質を用いた処置を行う。具体的には，抗生物質を内服薬として患者に投与するのである。

以上のように，内科医は患者の重要な症状の記述・要約に始まり，仮の診断を下した後（＝仮説形成の後），その診断の正しさを実証するために，病理検査によって病因を探り当て，実証した上で，正しい治療手続きのプランおよび実際の治療を行うのである。内科医モデルの核は，この患者の病因が何であるかを追求することにある。

このように，内科医モデルにおいては，この患者の病因が何であるかを追求すること，すなわち原因論（病因論）が重要になるが，そこで使用されるのが因果律である。では，医学モデルでは，どのような因果律が制作されるのか。それは，物的因果律である。というのも，医学モデルの場合，医師が患者に発現した症状（＝結果）の原因は，「体の中に」実在する何かに求めるからである。この何かとは，黴，細菌，ウイルスという生命体や物質である。

以上のことから，内科医モデルは，物的因果律を用いる。それは，A→Bと示される。思考に忠実な，「正しい」因果律からすると，それは，「原因＋諸要素／結果」（遠隔の因果律）もしくは「理由／帰結」（理由律）と示される。ただし，物的因果律の場合，心的因果律のように，（変化をもたらす）行動主体ではなく，最小限の主体（＝観察者）が介在することから，A→B（原因→結果）と示しても何ら問題は起こらない。実際，会話の効率と思考の短縮を優先して，そのように示されてきたのである。

2．心理療法における医学モデルの活用
――因果律をめぐる問題点

ところで，心理療法は，一般の心理学と同様，経験則に基づく経験科学であることから，日常の因果律を用いることが少なくない。つまり，心理療法は，A→Bと示される一般の因果律を制作するのだ。そのことに加えて，前述したように，心理療法は，内科医モデルを医学モデルとしてきた。しかも，「内科医＝医学」モデルは，思考に忠実かつ正確か，会話の効率性を優先するかはともかく，物的因果律，すなわちA→Bと示される一般の因果律を制作・使用して

きた。

したがって，これら二つのことから，心理療法では，A→Bという一般の因果律を制作・使用することになる。とりわけ，医学の影響が強いとすれば，心理療法もまた，内科医モデルに沿ってA→Bという一般の因果律を採ることになる。これは果たして妥当であるのか。

後で詳述するように，実は，内科医モデルと，心理療法が範型とする医学モデルでは，大きな違いがある。簡潔に述べると，内科医モデルでは因果律の原因にあたるものが，「体の中に」実在する何か（カビ・細菌・ウイルス）として明確であるのに対して，心理療法における医学モデルでは因果律の原因にあたるものは，「心の中に」実在する何かというように，不明確なのである。この場合，「心の中に」実在するものは，言葉によって指し示される何かというしかない。たとえば，後述する事例を先取りして述べると，あるクライエントにとって「心の中に」ある原因とは，「自信の欠如」である。それは，「不安」や「落ち込み」等々と置き換え可能である。というのも，このクライエントを診たセラピストによっては，原因を「自信の欠如」ではなく，「不安」，「落ち込み」，「軽うつ」と診断するかもしれないからだ。どのような言葉で表現しようと，「心の中に」実在する何かは，明確化できない。それは，セラピスト個々人によって解釈が異なるのである。

次に，心理療法が制作・使用する因果律について言及するが，その制作・使用の以前に，A→Bという思考形式そのものが「正しくない」ことは，もはや明らかである。心的因果律については，何が「正しい」因果律であるかについては，真正の因果律および理由律を通して，すでに述べた通りである。

（1）心理療法における医学モデルとその問題点

では，あらためて，心理療法における医学モデルについて述べていきたい。ランメロとトールネケは，心理療法が前述した「内科医＝医学」モデルに沿ったものであることを踏まえた上で，次のような事例を挙げる。

その事例とは，前出の「マリーは，自分の『自信の欠如』を克服するための援助をほしがっていた。」[Ramnerö, Törneke, 2008 = 2009：25] である。この場合，「内科医＝医学」モデルに沿った心理療法は，図3のように展開される。

事例：「マリーは，自分の『自信の欠如』を克服するための援助を欲しがっていた。」

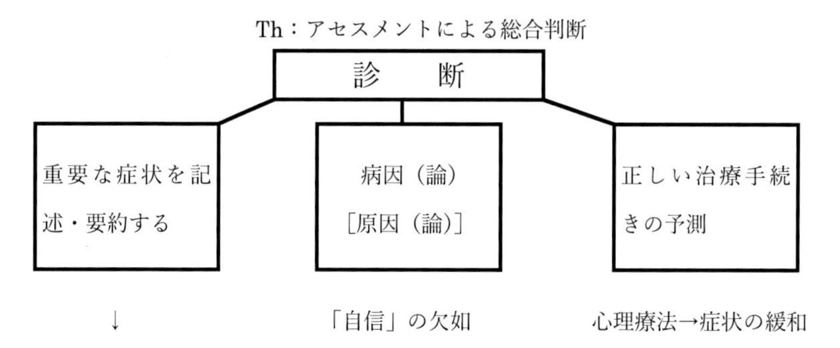

・公の場で話をしなければならない場面を避ける

・同僚とお茶をすることを避ける

・人に会う予定があるのに，外出するかどうかを悩む

・他人が自分のいうことをどう考えているかを心配する

・他人から変わり者だとみられていると（彼女）は思っている

図3　心理療法における内科医（医学）モデル

ランメロらは，行動分析の立場から本事例（症例）の問題点を筆者の見解を交えつつ述べると，次のようになる。本事例は，セラピストからみて「マリーは自信が欠如しているから対人関係がうまくいかない」というように，「AだからBをする」という因果律の表現形式で表されている。そして，マリーは「自信の欠如を克服するために援助が必要である」とセラピストによって診断されたのである。

詳しくみていくと，図3のように，まず，セラピストは内科医よろしく，クライエントの重要な症状（兆候）を記述・要約する。その結果，クライエントのマリーは，公の場で話をしなければならない場面を避ける，同僚とお茶をすることを避ける，人に会う予定があるのに外出するかどうかを悩む，他人が自分のいうことをどう考えているかを心配する，他人から変わり者だとみられていると（彼女）は思っている，といった症状がセラピストによって記述・要約される。セラピストは，記述・要約したこれらの重要な症状（兆候）から総合的判断を行い，マリーの病因が「自信の欠如」にあると診断を下す（アセスメント）。そして，こうした病因に対する正しい治療手続きを予測して，「自信の欠如」を改善する心理療法を選択し，実施するのである。

では，マリーの場合，「自信の欠如」が「病因（原因）」となって対人関係を回避しているのであろうか。そもそも，自信が欠如しているということ自体，観察できるものではない。前述したように，心理療法の場合，「原因（病因）」が，医学的治療のように，外傷やカビ・細菌・ウイルスのように，実在する何かもしくは可視化できる何かではなく，曖昧かつ不明確である。「原因」とみなされる「自信（の欠如）」は，多義的な解釈を許容する抽象的な言葉である。

このように，心理療法は，観察することのできない「自信が欠如していること」が「病因（原因）」となって，対人関係の拒絶や人と会うことの回避といった「結果」をもたらしているとみなすのである。

ところが，少し考えればわかるように，「自信」およびその否定形としての「自信の欠如」という心の言葉は，公の場で話をしなければならない場面を避ける，同僚とお茶をすることを避ける等々，多くの行動に纏わるエピソードを効率的に要約してくれるラベルにすぎない。私たちは個別的，具体的な行動を記述したり語ったりする代わりに，会話の合理化を優先して，大雑把に「自信が欠如している」，端的に「自信の欠如」と記述したり語ったりしてしまうのだ。ランメロとトールネケが指摘するように［Ramnerö, Törneke, 2008 = 2009：28］，日常語に「ブーケ」という言葉があるが，これは沢山の花を綺麗に束ねたものを総称するものである。にもかかわらず，その「ブーケ」がどのような花で束ねられているのか，その内実については，何も示してはいない。「ブーケ」という言葉そのものが，沢山の花を束ねるという実質的な力を持っていないのと同じように，「自信の欠如」という心の言葉そのものも，「自信」について観察可能な行動に影響を及ぼす実質的な力を持っていないのだ。

むしろ，現象に付けられた名前がその現象の「原因（病因）」だと錯覚・誤解してしまうことは，会話や心理学で使用される言語においても頻繁に生じていると考えられる。多動性・衝動性および注意力の障害といった「著しい落ち着きのなさ」と「集中力の著しい欠如」を主な特徴とする行動障害は，「注意欠如多動性障害（attention deficit/hyperactivity disorder：AD/HD)」と呼ばれているが，現在，それは，神経発達障害の概念（DSM-5）として括られている。それは単に，年齢や発達に不釣り合いな不注意さや多動性，衝動性を特徴とするものであって，日常活動や学習に支障をきたす状態を示しているにすぎない。AD/HD は単に，症状を要約しただけの「説明」なのだ。

「病因」の特定化・固定化は，会話の効率化から生じる。つまり，クライエントの観察可能な行動の細かいリストを用いるよりも，「うつ」，「社会恐怖」，「自信の欠如」などとラベルを用いる方がはるかに効率が良いのである。いわゆる会話の効率化を優先した，「行動＝動詞」の「言語化＝名詞化（ラベリング)」である。その結果，「自信の欠如」，「AD/HD」，「うつ」といったラベルがまるでそのクライエントの状態そのもの，あるいはそのクライエントに属人化されたモノのように説明されてしまうことになる。正確には，こうしたラベルは，そのクライエントの行動とは関係のない実体（実在）として，そのクライエントの中にある特性の何かとして扱われてしまうのだ。こうした仮説的な実体こそ，そのクライエントの行動を支配している内的「原因」だとみなされることになる。

繰り返しになるが，ラベリングは，大まかな指針を与えてくれるがゆえに，会話のスピードアップにつながる。ところが，その一方で，それは，個別性やその人についての細かな記述を犠牲にしてしまう。そのことはあたかも，前述したように，「ブーケ」という言葉が，抱えきれないほどの沢山の赤いバラの束にも，貧相で半分しおれかけているタンポポの束にも，使用可能であるのと同じ事態なのである。

したがって，心理療法の場合，病名として付けられるラベルは，クライエントに何ら良い効果をもたらさない。まず，「病因」をラベルで表示することは，心理治療の場面において効果的な援助や介入へと導いてくれない。むしろ「自信の欠如」というラベルは，クライエントを袋小路に追い込む契機となる。そしてそれは，単なるラベルを超えて治療が必要な，ミステリアスで内的な実体と化してしまう。ラベルは一人歩きするのだ。

ところで従来，心理療法は，病因論に依拠してクライエントの支援・回復・治療に努めてきた。

再び，病因論の立場からクライエントの症状を記述すると，次のようになる。

「AだからBになった」，と。

それを記号で一般化すると，「A（自信が欠如している）だから B（うつ病）になった」となる。

以上述べてきたように，医学は感染症で感染源（病原体）が何であり，どのような感染経路を辿ってきたかなど複雑で不確定な状況を縮減するために，患者の病気の原因（病因）を追求する，すなわち因果律を制作するわけであるが，そのとき，患者に現れた症状の原因は「体の中にある」と考える。繰り返しになるが，たとえば，発熱や関節の痛みという症状があれば，「体の中に」ウイルスがあること，体がウイルスに感染していることを推論するであろうし，青痣という症状があれば，「体の中に」内出血があることを推論するであろうし，筋肉痛という症状があれば，「体の中に」乳酸が溜まっていることを推論するであろう（近年，筋肉痛は乳酸によって起こるのではなく，活性酸素によることが判明した。むしろ乳酸は激しい運動によって傷ついた組織の回復を助ける物質であることが明らかになった）。

ここで医学に共通するのは，医師が患者に発現した症状の原因は「体の中に」あるということを，因果律とすることである。問題は，こうした医師による思考それ自体にあるのではなく，多くの心理療法（心理学）がこうした思考形式をそっくりそのまま範型としている点にある。つまり，多くの心理療法（心理学）は，医師が症状の「原因」とする「体の中」を恣意的な形で「心の中」に読み替えている。問題にすべきなのは，心理療法における原因を，「体の中」から「心の中」へと読み替えたことに尽きる。では実際，どのような問題点があるのか。

一つ目は――繰り返しになるが――，医師が症状の「原因」が「体の中に」あるとする場合，想定されているものが，カビ・黴菌・ウイルスなど何らかの物質――生命体もまた物質である――であるのに対して，心理療法（心理学）でいう症状の原因が「心の中に」あるという場合，想定されているものが，何らかの物質ではなく，言葉だということである。物質／言葉の決定的な違いは，物質が実体を持ち，それゆえ定義できるのに対して，言葉が実体がなく――言葉が実体を表現するものでしかなく――，それゆえ定義ができない，ということにある。というのも，「体の中に」ある物質に対して「心の中に」ある言葉は，個々人によってどのようにでも制作可能であり，しかも，その言葉の意味は個々人によってバラバラになるからである。

二つ目の問題点に論述する前に，心理療法における医学モデルと対比的に捉えられる，精神医学における精神療法モデルについて言及したい。

精神医学の場合，たとえば，うつ病の診断と治療に当たって，DSM（精神障害の診断と統計マニュアル）を基準に，数分間の問診とうつ病チェックで診断を行い，薬物治療を行う。特に，大うつ病の場合，九つの症状のうち五つの症状が該当すれば，うつ病と診断されるのだ。裏を返せば，精神療法では，図4に示されるように（78ページ参照），原因（病因）論を破棄するのである。精神療法では，うつ病は脳の病気であり，そうであるがゆえに，抗うつ薬の投与によって脳のスペックを修復するのである。ここで確認すべきなのは，精神医学（DSM）に基づく精神療法が原因（病因）論そのものを破棄したことである。

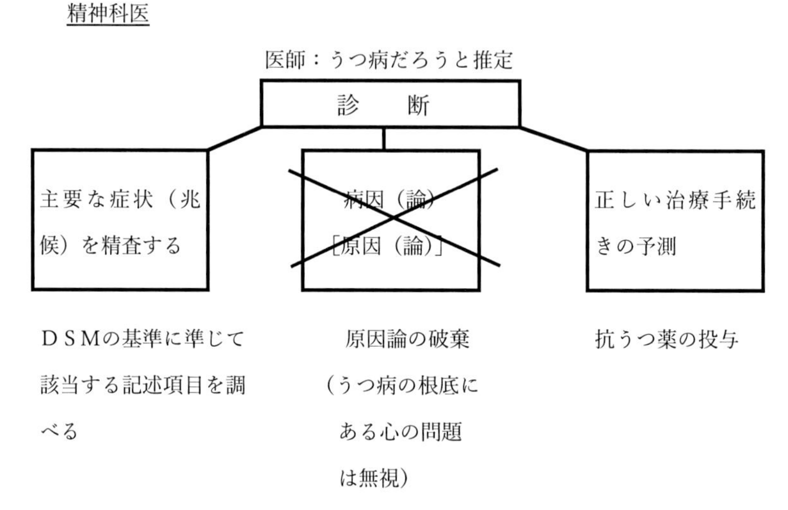

図４　精神医学（DSM）における精神療法の治療モデル

（２）心の言葉の問題点

ところで，「心の中」の言葉といって思い浮かぶのは，いわゆる知・情・意の言葉である。これらの言葉は私たちの誰もが使用可能なものであることから，それは，ラベルにすぎない。したがって，実体のないラベルとしての「心の中」の言葉を症状・病気の「原因」とすることは誤りである。因果律の制作において禁止すべきなのは，心の症状・病気の「原因」が「心の中」の言葉（ラベル）にあるとみなすことであり，ひいては「心の中にある」と考えることである。この場合，心の症状・病気の「原因」が，「心の中」の言葉にあることと，端的に「心の中にある」ことは，まったく同一視されている。

すでに述べたように，「心の言葉」が有用になるのは，逐一，具体的な行動に言及することなしに，会話の中で情報として他者に向けて効率的に伝えるときのみであった。たとえば，Ｓさんは「意志が弱い」から禁煙が続かないとか，Ｔさんは「引っ込み思案な性格」だからいつも後手に回るとか，Ｕさんは「教養が乏しい」から仕事ができないといった風に，である。

「意志が弱い」，「引っ込み思案な性格」，「教養が乏しい」といった「心の（中の）言葉」は，具体的な特定の行動に対する他者からのラベリングにすぎない。にもかかわらず，こうしたラベリングは，会話の効率化を通して個々の行動を超えてその人自身の特質や個性へと飛躍し，定着する。

さらに問題なのは，知・情・意という「心の中」を表す言葉が，否定形としてネガティヴ使用されることが多いということである。前述した「意志が弱い」，「引っ込み思案な性格」，「教養が乏しい」はいずれも，知・情・意の言葉のネガティヴ使用である。裏を返せば，心理療法（心理学）は，知・情・意といった「心の言葉」のネガティヴ使用を原則とするのだ。そのことは，心理療法が，心の問題や病気を対象とすることからみて当然のことである。

二つ目は，こうしたラベリングには危険がともなうということである。つまり，行動にラベルを貼るとき，多くの場合，私たちは無意識のうちに「心」を想定し，その「心」が問題行動を引き起こしているのだと考えてしまう。しかも，「意志」，「やる気」，「性格」が，行動に対するラベリングであることから，その実体はそれが指し示す行動と同じことになり，「意志」，「やる気」等々が行動を説明する「原因」とはなり得ない。ラベルの効用についてすでに述べたように，逐一，具体的な行動に言及することなく，情報を伝えることができることである。ゆえに，会話でラベリングされたものを使用すること自体に何ら問題はない（こうしたラベリングが個人を非難・中傷することにつながるのは，そのこととは別問題である）。

繰り返し強調すると，心理療法の問題点は，知・情・意の「心の（中の）言葉」を諸々の問題行動の「原因」だと取り違えてしまうことにある。諸々の問題行動のラベリングにすぎない「心の言葉」が，行動の「原因」だという捉え方，そして，行動として目に見える形で発現した問題の「原因」が「心の中にある」という捉え方こそ問題なのである。

しかも，一般の因果律の「原因（A）」に「心の中」の言葉，すなわち知・

情・意の言葉——大抵は，知・情・意のネガティヴ形——を代入することは，会話の効率化とはなり得ても，それ以上にその「原因」に纏わる責任を当人に帰してしまうことになり（原因の自己への帰属化およびそれにともなう自己責任），その結果，堂々巡り（悪循環）に陥ってしまうことになる。

ここまでが，心の言葉についての，二つの問題点である。

（3）心理学概念の問題点

三つ目は，心理療法の「原因」として挿入されるのは，「心の言葉」だけにとどまらないということである。つまり，「原因」に挿入されるのは，「心の言葉」のみならず，日常の言葉と同列にある「心の言葉」を心理学・心理療法が抽象化した専門概念（専門用語），たとえば「自己有能感」，「自己肯定感」，「自尊感情（自尊心）」等々である。

以上，心理学・心理療法における因果律の制作において肝心なルールとは，「心の言葉」および「心理学概念」の使用禁止である［中井，2015］。なお，すでに述べたように，心理療法における因果律批判は，行動分析の考え方と共通するものである。

すでに，因果律制作上の誤りとして「原因」に当たる箇所に，日常の言葉の延長線上にある，知・情・意といった「心の言葉」およびそのネガティヴ使用，それに加えて，「心の言葉」を抽象化した心理学の専門概念のネガティヴ使用の問題点について言及してきた。

以上，心の問題の「原因」を，クライエント自身の治療や改善につながるとは限らない，「心の言葉」や心理学概念に還元する心理学・心理療法は，根本的に誤っていると考えられる。こうした言葉や概念はせいぜい，セラピストとクライエントの治療的コミュニケーションを円滑にする媒体として機能するだけである。むしろ「心の言葉」やそれを専門用語へとグレードアップしたかに見える心理学概念が，その人そのもの（その人の症状・病気）だと同定されてしまうと，すべての問題はその人の性格や資質ややる気のせいとなり，自己責任として処理されてしまうのである。

（4）小 括

医学モデルを範型とする心理療法およびその因果律について述べてきたが，ここで，心理療法における因果律の問題点を総括しておきたい。

先に述べると，この類いの因果律には，三つの誤り，正確には，三重の誤りがある。

一つ目の誤りは，それが，経験則に基づく一般の因果律やミニマムな観測主体に基づく物的因果律と同様，「ＡだからＢをする（Ａ→Ｂ）」という「原因→結果」から成る因果律をフォーマットとしていることである。心理療法で使用可能な因果律は，心的因果律のみであり，それは，行動の因果律（「Ａ→Ｂ＆Ｂ→（Ａ→Ｃ）」）および理由律（「引き起こす思い」が駆動する「理由／帰結」）である。

二つ目の誤りは，「ＡだからＢである（A → B)」という「誤った」因果律をフォーマットとすることに加えて（重ねて），「原因Ａ」に，たとえば「私は性格が良くない」が挿入され，それが「心の中に」あることが「原因」となって，「対人関係がうまくいかない」という「結果 B」となる，という思考形式を採ることである。この場合，この「原因Ａ」には，心の言葉，すなわち知・情・意を表す言葉，しかもその否定形が挿入される。ところが，心の言葉（の否定形）において，「原因Ａ」と「結果 B」には，同一の言葉を別の表現に変えたものが挿入されるだけなのである。しかも，それは単なるラベリングでしかなく，その因果律を用いても，当事者は何も改善しないのである。

三つ目の誤りは――正確さを優先するために，あえてくどくどとした表現となるが――，「ＡだからＢをする（A → B)」という因果律をフォーマットとする誤りだけでなく，その因果律の「原因Ａ」に心の言葉（の否定形）を挿入するという誤りに加えて（重ねて），その因果律の「原因Ａ」に心理学の概念（の否定形），たとえば「自己肯定感（の低さ)」や「自己効力感（の低さ)」等々を挿入するというものである（それ以外にも，精神分析の概念に類するものとして「過剰な［歪んだ］自己愛」や「過度の対人恐怖」等々が挙げられるが，ここでは言及しない）。

とりわけ，深刻な誤りは，二つ目の，心の言葉の否定形（ネガティヴ）使用である。序でも述べたように，「性格が良くないから対人関係がうまくいかない」や「意志が弱いから仕事ができない」等々は，私たちが日常，会話で使いがちな表現である。私たちにとって気づかない形で心の言葉を濫用することこそ，最も危険な行為なのである。

3．例外としての情動の因果律と生理的因果律
――もう一つの「正しい」因果律

ところで，これまで言及してこなかった「正しい」因果律として，情動の因果律がある。ここで情動とは，筆者が著書で整理したように［中井，2020］，広義の「感情」の中でも，衝動的かつ即時的なものであるとともに，「emotion」，すなわち「e-motion ＝身体の動きを持ったもの・ともなったもの」である。また，情動は，乳児が大泣きしている最中，大泣きしている自己自身に驚いて，また大泣きするように，他者に対する影響が自己に対する影響へと反照してくるものといった意味合いを込めて，「身体的変化そのもの」と規定することにしたい。その規定を基準にすると，情動が，身体の動きや変化として外から観察することができるのに対して，感情は，人の心や内面のように，外からは窺い知ることができないことから，推測するしかない。要するに，情動とは身体的な行動である。したがって，本書では，情動と感情（狭義）を分けることにする。

情動の因果律の典型は，「なぜ，友人を殴ったのか」という原因の追求に対して，「腹が立ったから殴った」という結果から成る。この場合，「腹が立った」という心の言葉によって行動を説明することから――たとえば，前述したように，「やる気がないから勉強ができない」，「性格が悪いから対人関係がうまく

いかない」などと同じように——，明らかに誤っていることになる（いわゆる「心の言葉」禁止である）。

しかしながら，情動に限っていえば，自己が自分の感情を「変化」させる手段として行動を起こすことになり，それ以外の「感情（心）」とは区別すべきであると考えられる。つまり，「悲しいから泣いた」を真正の因果律で示すと，「現状は悲しいが，泣くとすっきりした。だから泣いた。」となる。つまり，泣くことで悲しみが減じた・和らいだのだ。また同じく，「腹が立つから怒鳴った」を真正の因果律で示すと，「現状は腹が立つが，怒鳴るとすっきりした。だから怒鳴った。」となる。つまり，怒鳴ることで怒りが減じた・和らいだのである。

これらは，自己が自らの情動を「変化」させるために，行動を起こすことを意味する。つまり，自己の何らかの「変化」に直結する情動は，それ以外の「心」（狭義）とは異なるのである。情動の因果律に限っては唯一，「悲しいから」や「腹が立つから」や「楽しいから」といった（狭義の）心の言葉の適用は誤りとはならない。なぜ，それが誤りでないのかというと，それは，情動が心に類するものというよりも，身体に基づく行動に近いからなのである。情動は，感情（広義）といっても，準行動なのだ（圧縮版論述で述べた，生理的因果律もまた，情動の因果律と同じタイプとなる）。

ところで，いま，情動の因果律と関連づけた生理的因果律については，圧縮版論述でまとめたものを踏まえた上で，再度，論述することにしたい。

生理的因果律の典型例は，「なぜ，あなたはいま，ジュースを飲んだのか」という問いかけに対する「血糖値が低下したから飲んだ」という説明である。生理的因果律は，情動の因果律を含む真正の因果律と同じ表現形式で表されることから，B→（A→C）となる。この場合，「B＝ジュースを飲んだ」，「A＝血糖値が低い状態」，「C=血糖値が低くない（通常の）状態」，となる。行動主体は，「ジュースを飲む」という行動によって「血糖値が低い状態」から「血糖値が低くない（通常の）状態」へと変化する。この場合，「血糖値」という生理的言語を用いた因果律は，心的因果律の一つとして認められる。というのも，私たちが因果律を制作するのは，自らが不全・不確定状況に置かれたとき，すなわちこの場合のように，自らの身体が「不全の状況」，すなわち血糖値が低下して意識が朦朧とした（あるいはその寸前の）状況にあるからである。裏を返せば，「私は（普通に）喉が渇いたからジュースを飲んだ」という，ごく日常的な状況での行動の場合，この因果律は成立しないのである。

この質疑応答は，心的因果律のように，行動主体が何らかの行動をすることで状況と自己をAからBへと変化させるのとは異なり，行動主体が自らの生理的問題（特に，生命的危機）を察知し，一刻も早く糖分を供給するためにジュースを飲んだことを表している。その結果，行動主体は自らの身体の変化によって自らの心の変化をもたらす。つまりそれは，行動（B)→身体（状態）の変化→自己（気分や心）の変化，と記述される。

このように，心的因果律は，行動主体の状況と自己を直に表すものだけでなく，人体という生理的言語を用いて外側から行動主体の気分の有り様を表す場合もある。強いていうと，この類いの心的因果律の場合，行動主体は，自らの身体を外から観察し，人体として客観的に捉えている。この場合の行動主体は，自らの気分や心をミニマムにもしくは遠回しに捉えているのだ。

以上のことからすると，行動主体は，わが身に表出された情動によって行動を起こす情動の因果律を制作する場合もあれば，自らの人体に起こった生理的異常によって行動を起こす生理的因果律を制作する場合もあるわけである。情動の因果律と生理的因果律は，行動主体がわが身を内から捉えるか，外から捉えるかという差異を超えて，同じ心的因果律なのである。

Ⅴ．因果律を放棄または改善する心理療法

次に，因果律そのもの，ひいては原因論（病因論）を切断（事実上，破棄）した短期療法（特に，解決志向短期療法）の思考法，原因（論）からの解放を説いたA.アドラーの精神分析的心理療法，直線的な因果律を放棄するとともに，それを円環的因果律に改善した家族療法の思考法について述べることにしたい。

1．短期療法における原因論の放棄

ところで，短期療法，特に解決志向短期療法は，因果律以前に，その根幹となる原因論を否定する心理療法である。それは，「解決」について知る方が，問題と原因を把握することよりもはるかに有用であると捉える。本来，従来の心理療法と短期療法の違いは，「問題志向」と「解決志向」と対比した上で，それらを各々，二つの医学モデル，すなわち「感染症対策モデル」と「慢性成人病疾患モデル」に対応させることができる。なお，短期療法は，「慢性成人病疾患モデル」という，いわゆる複雑系の医学モデルを範型とする心理療法である。それはまた，文字通り，時間的資源を最小限とする「解決志向」型の心理療法である。

解決志向短期療法を基準に，短期療法の特徴を述べると，次のように要約することができる［中井，2010／黒沢幸子・森俊夫，2002］。

一つ目は，短期療法が，解決に焦点をあてるアプローチということである。ここでいう「解決」とは，より良き未来の状態を手に入れることを意味する。

二つ目は，短期療法が，次のような前提を持っているということである。

まず，変化は絶えず起こっており，そして必然であると捉える。その傾向は，特に子どもの場合，顕著である。こうした立場からみると，たとえば，不登校が改善するまでに「時間がかかる」とか「見守る（しかない）」といった言葉は，本当の変化を妨げる可能性がある。というのも，言葉は現実を固定化する側面

があるからだ。裏を返せば，その言葉は，長期療法を暗示するものである。

次に，小さな変化は，ドミノ倒しのように，次々と大きな変化を生み出すがゆえに，小さな変化に注目するということである。

次に，解決について考える方が，問題と原因を把握することよりも有用であるということである。精神分析を筆頭に，一般の心理療法は，治療に多大の時間をかける長期療法である。クライエントの立場からすると，こうした長期療法タイプの「問題志向（原因追究）」的アプローチよりも，短期療法タイプの「解決志向」的アプローチの方が経済的な負担が少ない。だからこそ，短期療法は，クライエントの問題の諸原因を一切放棄して，問題解決へと向かうことを選択するのである。そうした問題解決へと向かうことの根拠として，次に挙げるリソース（社会的資源）がある。

最後に，クライエントこそ，自らの問題解決のためのリソースを持っているということである。リソースとしては，内的リソースと外的リソースという二つがある。一般の心理療法であれば，「落ち込みやすい」，「引きこもっている」，「もの忘れがひどい」などネガティヴに捉えられるものが，短期療法では一転して，順に，「落ち込む能力がある」，「大切に守るべきものがある」，「物忘れする能力がある」というように，無形の内的リソースとなる。これは，「リフレーミング」による発想の転換である。また，外的リソースとしては，家族，友人，ペット，趣味のモノなどがある。こうしたリソースを根拠に，短期療法では，クライエントこそ，自らの解決のエキスパートだと捉えるのである。

以上述べたように，短期療法は，クライエントの問題の諸原因を切断・放棄し，専ら，問題解決へと向かうように支援する。短期療法において，複雑に絡み合った諸原因は，クライエントにとって単なる足枷にすぎないのである。

2．アドラー心理学における原因論と目的論

アドラーは，当時の精神分析界を席巻していた，フロイトの精神分析，特に

トラウマに基づく心的決定論を批判することを通して自らの心理療法を構築した。つまり，アドラーは，トラウマを中心とする原因論に目的論を対置した。アドラーの心理学によると，心理療法の分水嶺は，原因論／目的論にあることになる。

ところで，アドラーは，当時の精神分析としては珍しく，クライエントの自己決定性を重視する。つまりそれは，(セラピストが) クライエントが，自らの意志によって行動を選択・決定すること，その意味でクライエントの主体性(行動主体性) を最大限リスペクトすることを意味する。

ところが，その一方でクライエントは自ら，過去および過去への意味づけに囚われることが少なくない。クライエントの現在の悩みや苦しみは，過去の経験というよりも，そうした過去の経験に対する，現在の自己による意味づけ(解釈) にある。クライエントは，過去のできごと，正確には，現在の自己が想起し，クローズアップする過去のできごとに固執する。ところが，クライエントが過ぎ去ってしまった過去そのものに固執する限り，新たな道を切り開くことはできない。私たちは誰も，過去は変えることができないのだ。

たとえば，「私は偏屈な性格だから友だちができない」，とか，「私は意志が弱いから仕事が続かない」という具合に，過去の，自らの性格や性分などが原因で，自らの生き方を変えることができない，あるいは不十分な現在の自分に満足せざるを得ない，そして恐らく，未来もそうせざるを得ない，そういう運命に抗うことができないのだ，と。

こうした一連の意味づけは，クライエントが自分自身に向けてネガティヴな因果律を適用するときに生じる。そうしたとき，クライエントは，何らアクティヴな行動を起こすことができないでいるのだ。

このように，クライエントが自ら意味づける過去は，負の遺産であるが，それでもそれは，本人にとってのサンクコスト（埋蔵金）なのである。つまりクライエントは，過去の自分を何とか肯定し，保持したいと心の底で思っている。サンクコストは，有形のものばかりとは限らない。むしろ，個々人がこれまで形成してきた自分自身もまた，貴重なサンクコストであり，無碍に捨て去ることはできないのだ。

したがって，アドラーが問題視するのは，クライエントが自己自身に対して用いる，過去の，ネガティヴな原因（因果律）である。これに対して，アドラーは目的論を対置する。

目的論とは，人間の行動には，その人特有の意志をともなう目的があると考える立場である。アドラーは，目的論の立場から，私たち人間が過去のできごとや経験に行動を縛られることなく，常に未来の目的（長期的には，目標）のために，いま，ここでその都度その都度行動を選択・決定することを重視する。

アドラー心理学の研究者，岸見一郎は，原因論的アプローチと目的論的アプローチを次のように明確に対比している［岸見一郎，2010：87］。

原因論的アプローチの特徴は，①過去の原因が現在に支配的な影響を及ぼす（過去志向），②意志は問われない（個人の場合は希薄か，主体性なし），③環境の被害者・犠牲者の色彩を与える（被害者・犠牲者意識），④本人の勇気をくじく（勇気くじき），である。

これに対して，目的論的アプローチの特徴は，①未来の目標が現在を規定する（未来志向），②意志が問われる（個人の主体性あり），③創造的な当事者としての意識を植えつける（当事者意識），④本人に勇気を与える（勇気づけ），である。

岸見の対比に即してまとめると，原因論が過去志向であるのに対して，目的論は未来志向であることになる。心理学が過去の原因（病因）に向かうか，それとも，未来の目的（目標）に向かうかは，人間の自己決定性を捉える上での分水嶺となる。少し考えればわかるように，クライエントにとって過去が取り戻すことのできないものであるのに対して，未来は自らの意志で主体的に切り開く（創造する）ことのできるものである。目的論は過去そのものに束縛されないため，いま，ここからすぐに自らを変えるように促す。そして，クライエントは，具体的な形で行動（アクション）を起こすことができるのだ。いま，ここから行動を起こすこと自体，クライエント自らが変化したことの証左となる。

ここで原因論／目的論についての捉え方の違いを踏まえつつ，両者の差異を不登校になった子どもの例に沿ってみていきたい。

たとえば，ある子どもが不登校になった場合，「なぜ，彼（彼女）は不登校になったのか」という問いに対して，親や関係者は「自分の育児が悪かったから」，「親子のスキンシップや対話が足りなかったから」，「先生との相性が悪かったから」，「子どもに忍耐力が足りなかったから」，「スマホをやり過ぎたりから」等々の原因をあれこれと考えてしまう。総じて，親は不登校の原因を自分の育児や生活環境，学校での人間関係に求めがちである。ところが現実的には，不登校の原因はさまざまな要因が複雑に絡み合っていて，その要因をひとつずつ解明することはほとんど不可能である。たとえ，原因が特定できたところで，過去そのものは変えることができない。当事者からみて身近な存在である親や関係者と雖も，当事者でないことによって，彼らは，本質を突いていない諸原因（間接的な遠因）をあれこれ詮索することに終始してしまうのだ。

しかしながら，目的論に基づくと，こうした原因探しは一変する。つまり，当事者（子ども）からすると，学校に行かないという行動には，子ども自身が「こうしたかった」，「こうなりたかった」，「（親や教師に）こうさせたかった」，具体的には「親の愛情を独占したかった」，「親に注目をして欲しかった」，「教師の不適切な態度や体罰に対し復讐したかった」，「クラスメートに気にかけて欲しかった」等々，絶えず意志や目的がある。したがって，不登校という行動は，結果的にその目的を実現するための手段であると考えられる。親との関係でいうと，当事者にとって学校に行かないことの目的は，結果的にたとえば，親の注目を引いたり，手厚く世話をしてもらったりするための手段であることが少なくない（なかでも，きょうだいの多い子ども，特に長男や長女，親が普段，仕事で忙しい子どもは，これに該当する）。こうした場合，「親に心配をかけて母親の注目を引くために，不登校になった」ということは，理に合っている。つまり子どもは，親を相手役に特定しつつ，親の注目を引くという目的を実現するために，意図的に不登校になるという行動をするわけである。もし，不登校という目的が親の注目を引くためであるならば，不登校以外の手段によって問題を解決することも可能であろう。要は，当事者（子ども）の目的およびそれを実現するための手段を明確に把握すれば，不登校問題への解決策は立てられると考えられる。

これまで述べてきたことを，アドラー心理学における原因論／目的論に沿って対比的にまとめると，次のようになる。

原因論の立場では，たとえば「子どもが親子関係の悪さ，もしくは学校での人間関係の不和から不登校になった」となる。これは，「AだからBをする（になる)」という因果律となる。

これに対して，目的論の立場では，たとえば「子どもは親の注目を引きたいから不登校になった」となる。正確に述べると，それは，「子どもは親の注目を引くという目的のために，不登校という『行動（結果としては，手段)』を採った」となる。これは，「Bをすれば，AからCへと変化する」という真正の因果律となる。一見，目的論は，真正の心的因果律の表現形式と同じようにみえる。

以上のように，目的論では自己のためになる，すなわち自己の「善」という目的を実現するために，手段としてある行動をする，という形式となる。この場合の「善」は，アドラー心理学が用いるギリシャ哲学の概念である。つまりそれは，クライエントがある場面や状況に直面したとき，自分自身にとって最善の手段となる行動を意味する。したがってそれは，クライエントにとって最善の行為・行動となっても，道徳や社会規範や法律から逸脱することが起こる可能性がある（その中には他者や自己自身に危害を加えることも含まれる)。

総じて，アドラーの心理療法（心理学）は，因果律の根幹にある原因論を批判するとともに，それに代替してクライエント自らが立てた，「〜になりたい」「〜自己自身になりたい」という未来の目的・目標を実現するという目的論を重視する。その根底には，セラピストによる，クライエントの自己決定性の尊重が見出される。

しかしながら，原因論に代替して目的論を唱えたアドラーであったが，前述した推論，たとえば「子どもは親の注目を引くために不登校になった」に典型的であるように，疾病利得の多用がみられる。この事例の場合，不登校になったことの理由は，当事者自身の目的や利益，たとえば学校に行かないことで親に世話をしてもらえること，すなわち疾病利得にある。アドラーは，何人きょうだいかという属性を重視したが，万が一，不登校になったこの子どもが三人きょうだいの長男だとすれば，いつも親から「お兄ちゃんだからしっかりしなさい」などといわれ，親にかまってもらえないことが推測できる。だからこそ，「子どもは親の注目を引きたかった，甘えたかった」ということになる。

確かに，アドラーは，従来の原因論に対して目的論を対置することで，当事者自身の目的や利益，ひいては自己決定を重視したが，そうした目的論は，疾病利得に還元されることが少なくなかった。

ところで，論敵のフロイトは，心的な苦痛を避けるために内的葛藤を抑圧して神経症のような，心の病へ逃避することを，病であることによって得られる利益という意味で「疾病利得」と呼んでいる。しかも，「疾病利得」には二次的なものとして，心の病いとなることで他者から同情や慰めを得られることを含めていた。疾病利得という概念そのものは，アドラーの専売特許ではなく，当時の精神分析界でも用いられていたのである。その点から，疾病利得を前提とする目的論は，批判されるべきである。筆者としては，目的論という捉え方を尊重しながらも，アドラーが否定した原因論の有する意義を見直すべきだと考えている。

3．家族療法における円環的因果律の制作

ところで，家族療法における因果律の制作は，一般の心理療法とは根本的に異なる。心理療法では，クライエントが心の病気に罹患したり，（対人関係のこ

とで）心の問題を抱えたり，ある組織で問題行動を起こしたりした場合，その原因・責任を当の個人に還元した上で，個人をケア・治療するというのが一般的である。心理療法の方法的立場には，当の個人が帰属する組織や集団そのものが正しいという前提がある。だからこそ，個人がその組織や集団へ再適応できるようにと，心理療法が施されるわけである。その意味で心理療法は，不適応になってある集団からドロップアウトした個人を社会適応させる装置として機能しているといえる。

しかしながら，こうした心理療法の個人還元主義は，問題の原因・責任を組織や集団から個人へとすり替え，転嫁してしまうことになる。個人還元主義を家族関係・システムに当て嵌めると，ある家族において問題行動（家庭内暴力や不登校など）を起こす子どもが出てきた場合，その原因・責任を，（家族の成員は誰も悪くないとして）当の子ども個人に求めるか，あるいは，（当の子どもが属する）家族の誰かに求めるかといった二者択一になるのである。

たとえば，当の子どもが当事者である場合，彼（彼女）が問題行動を起こすようになったのは，母親のせいであると家族の成員が考えている場合について考えてみる。この場合，彼らは「問題行動」という「結果」の「原因」が母親であるとみなした上で，「原因－結果」の因果律を直線的に作り上げる。これは，家族療法が問題視する「直線的因果律」である。つまり家族の成員は，「結果」から「原因」を仮定し，「原因」→「結果」という直線的因果律を心の中で作り上げてしまうのだ。家族療法でいう「原因」とは，「当事者に問題行動を引き起こさせた人物」，すなわち“犯人”の謂いである。

しかしながら，家族療法において，こうした直線的因果律は間違っているとして，それとは異なる因果律，すなわち「円環的因果律」を構築する。家族療法における「円環的因果律」は，主に二つある。一つ目は，「原因」⇔「原因」と示されるように，「原因」同士が相互に影響し合うことで一つの「結果」をもたらすものである。二つ目は，「原因」⇔「結果」と示されるように，「原因」と「結果」が相互に連鎖したりして増強し合ったりするものである。

こうした円環的因果律に基づいて問題行動の例を述べると，一つ目のケースは，次の通りである。たとえば，当事者（当の子ども）をめぐって，母親が厳しく育てるのに対して，祖母が甘やかすという場合，祖母からすると，母親の育て方が厳しい（悪い）ので自分自身は甘やかす，その一方で，母親からすると，祖母が甘やかすので自分は厳しく育てる，となる。この場合，「原因」⇔「原因」，すなわち「母親の育て方が厳しい」⇔「祖母が甘やかす」というように，原因と原因が相互作用を及ぼすことで，当事者が問題行動を起こすという「結果」をもたらす，と捉えるのである。

二つ目のケースは，次の通りである。たとえば，前出の例でいうと，母親が何から何まで当事者（子ども）に干渉するので，当事者が問題行動を起こす，そして当事者が問題行動を起こすので，母親がより一層干渉するというものである。この場合，母親による，当事者に対する干渉や支配が「原因」となって，当事者が問題行動を起こすという「結果」をもたらすというわけである。この場合，「原因」⇔「結果」，すなわち「母親の干渉」⇔「当事者の問題行動」というように，原因と結果が相互作用を及ぼすことで，当事者は問題行動をより一層増悪させる，と捉えるのである。

家族療法の理論からすると，これら二つの円環的因果律のうち，「原因」⇔「結果」が一般的であるが，実際には，「原因」⇔「原因」の相互作用の結果，「原因」⇔「結果」を引き起こす場合も少なくない。

このように，家族関係（総じて，人間関係）においては，「原因」と「結果」は，相互に絡み合っている。こうした円環的因果律という思考法は，理論としてだけでなく，実際の家族問題の解決方法としてもきわめて有用である。治療する立場からすると，原因を一つに決めてしまうと，特定の家族成員のみを責めることにつながり，その時点で家族関係の変化や改善は望めなくなってしまう。そこで，円環的因果律を通して家族が相互に変化していくことを援助するアプローチが不可欠となるのだ。

ところで，家族療法は家族の内部から生じた問題を家族関係もしくは家族システムの観点から解決する心理療法（集団療法）である。家族療法は，他の心理療法とは異なり，特定の誰かが問題行動を起こしたり心の病気を発症したりした場合，当の個人にだけ原因があると捉えて，その個人を治療するといったアプローチを採らない。むしろ，当の個人が何らかの問題や症状を呈しているのは，歪んだ家族関係・システムのために犠牲になった人であり，たとえ自分が犠牲になっても，あえてその家族に向けて「救助信号（クライシスコール）」［鈴木浩二，1983］を発信しているのだと捉える。この場合，家族療法では何らかの問題行動や症状を呈している者のことを，「患者とみなされた人（identified patient：IP）」と名づける。つまり，IP の呈する「問題行動」は「問題のある行動」ではなく，その家族関係・システムの中では「意味のある行動」とされ，「症状行動（symptomatic behavior）」［遊佐安一郎，1984：146］と名づけられる。

円環的因果律は，こうした家族の病理を家族関係・システムの観点から捉えるための第一歩であり，重要な思考法なのである。こうした家族療法のアプローチは，G.ベイトソンの精神生態学に由来する。ベイトソンは，生物界を構成する相互作用，単に原因が結果に影響をもたらすだけでなく，反対に，結果が原因に影響を与えると考えている。円環的因果律という思考法は，家族療法において実を結んだが，実は，生物界を構成する相互作用として自然の中にそうした関係・システムが息づいているのである。

以上，因果律およびその根底にある原因論を切断・放棄する短期療法，原因論を放棄して目的論を採るアドラーの心理学，家族システム（という限定された領域）の臨床現場に合わせて，従来の直線的因果律を円環的因果律に改善した家族療法，といった三者を概観してきた。

この三者については一定の評価をすることができる反面，因果律が各々の心理臨床実践の戦略もしくは方法として構築されたものであり，因果律の本質を究明した上で構築されたものではないと考えられる。

とはいえ，この三者の思考法は各々，心理療法の前提にある，個人還元主義および社会適応主義，すなわち“良い”組織や集団への適応という“自分直し”に対する批判と，セラピーそのものの改善点（関係論的，システム論的思考）として評価すべきである。

総じて，「正しい」心的因果律の制作は，これまで述べてきたように，真正の因果律と理由律以外にはないというのが，現時点での結論である。

補章　呪術的因果律

これまで，心的因果律を中心に，因果律および理由律について述べてきたが，最後に“もうひとつの”因果律について言及したい。それは，呪術的因果律である。予め述べると，呪術的因果律は，非合理的なもの（呪術・魔術）による世界の縮減という役割を果たしている。

一般に，呪術は，技術の対義語である。技術は，私たち人間がどうすることもできない不全・不確定状況に置かれたとき，因果律を制作し，それを用いてその状況を打開する。これに対して，呪術は，私たちがそうした状況に直面したとき，自己自身が自らを変えることによってそれを打開することである。その意味で，呪術は，自己変容のための媒体なのだ。

卑近な例で述べると，山で熊に出くわしたとき，熊から逃げたり，熊と闘ったりするのではなく，（結末はさておき）死んだふりをして事態の打開を図ることを指す。

また，呪術は願いや願望と置き換え可能であるが，どのような言葉を使うかはさておき，私たちはのっぴきならない不全の状況や，この先どうなるかがまったく予想のつかない不確定の状況において，願いや願望を込めて因果律らしきものを制作する。いわゆる，不全・不確定状況を願いや願望を込めた因果律の制作によって縮減し，打開するのである。

具体的にいうと，野球にしろ，サッカーにしろ，毎回，試合がどのようになるかまったくわからない不確定の状況の中で，私たちは贔屓するチームや選手をテレビで応援していると，贔屓チームが勝ったり，贔屓の選手が活躍したりすることをしばしば体験する。

私たちはスポーツの試合のように，先がどうなるのかまったく予想できない不確定の状況の中で，とにかく贔屓の選手やチームを応援したり，手を合わせて祈ったりすると，その願いや願望が叶って，贔屓の選手が適時打を打ったり，チームが逆転勝ちをしたりする。何の根拠がないにもかかわらず，「贔屓選手を応援すると，その選手が適時打を打つ」，「贔屓チームを応援すると，そのチームが勝つ」というのは，直前に「応援した」ことが「原因」となって，いま，「活躍した」という「結果」をもたらすということで，「原因」―「結果」という因果律が制作される。この次も，さらにこの次も，私たちはこうした因果律の特徴の一つ，すなわち類似した経験を繰り返す「恒常的連結」(D.ヒューム)に基づいて贔屓の選手やチームを応援することになろう。たとえ，その願いが報われなかったとしても，である。なお，「原因」―「結果」において「結果」が良い場合，その「結果」は強化されることで次の行動に対する「原因」となり，好循環をもたらすことさえある。

このように，呪術的な行動かつ願いや願望を込めた因果律を制作することは，それを制作した主体にとって何の根拠もない行動だと薄々気づきながらも，自由を享受する行動になっている。呪術的な行動とか願いや願望を込めた行動とは，本来，私たちが自分自身では太刀打ちできない無力なときに自分の方が変わるといった，受動の受動（否定の否定）としての能動（肯定）的な行動なのである。だからこそ，この類いの因果律は，制作者にとって自由なものとなるのだ。

もう一つ類似した例を示しておきたい。たとえば，入学試験のように，すでに「結果」が出ている事象について，私たちは出た結果を変えることができないということで，どうすることもできないにもかかわらず，神社に参拝してから（そこまでしなくても，手を合わせて祈りを捧げてから）合格発表を見に行くことがある。一見，こうした行動は無意味であると思われる。ところが，こうした行動をする友人がいた場合，その友人に対して意味がないと諭すであろうか。たとえ，無意味な行動であっても，当人（友人）にとっては，試験に合格する（している）かどうかがまったくわからない不確定な状況の中で，神社に参拝してから合格発表を見に行く（最近では，ネットの合格発表を閲覧する）ことは無意味なこととはいい切れない。この場合，「神社に参拝すること」が「原因」となって「合格する」という「結果」を生み出しているわけである。ただ，こうした因果律を制作することも，私たち人間にとって不確定な状況の中で唯一許される自由な営みなのである。

このように，経験則に準じたものや呪術的で願いを込めたものをもって制作する因果律もまた，「……だから～となる」（「A→B」）という表現形式を採る。ただその前に，あらためて問いたい。「贔屓チームを応援すると（応援したから），そのチームが勝つ（勝った）」という表現形式の推論は，果たしてこれまで述べてきた因果律または理由律と同等のものだといえるのであろうか。そしてそれは，思考上もしくは会話上，意味のあるものなのであろうか。結論を述べると，そのことは，そのときの自己や集団にとって意義があっても，思考上も会話上も，意味のあるものとは，到底いうことができない。

科学技術が進展する以前，たとえば，農村の人たちのあいだで「あの山に入ると，病気になる」というような，呪術的因果律が制作されていた。今日の科学からすると，その原因は，たとえばツツガムシの幼虫（「恙（つつが）なく」＝「病気・災難などがない様子」の由来）やヤマビル（泉鏡花『高野聖』に登場する毒虫）等であるわけだが，一昔前の日本では，そうした因果律によって身の危険を回避していた。前近代の人たちにとって，この呪術的因果律は有益であったが，今日からすると，呪術の類いにすぎない。なお，いま述べたことについては，［中井，2020］で詳述している。

以上のように，呪術的因果律は，非合理な，偽りの因果律であるが，前近代の人たちにとってのみならず，今日の私たちにとっても，不全・不確定の状況で力を発揮する有意義な思考形式なのである。

結 語

本書の始まりは，私たちが日常，使用している因果律の大半が「正しくない」ことであった。なかでも，心的因果律の場合，「能力がないから勉強ができない」，「自信がないから公の場で話すことができない」，「自尊心が低いから対人関係がうまく行かない」等々というように，「……だから～である」という定型（フォーマット）に嵌め込みながら，この「……」の中に，知・情・意にかかわる言葉，すなわち「心の言葉」の否定形（「能力・教養がない」，「自信がない」，「やる気がない」），さらにそれを専門化・抽象化した心理学概念の否定形（「自尊心の欠如」，「過剰な自己愛」）を挿入してきた。一見，心の言葉や心理学概念によって制作されるこれらの心的因果律は，会話では通用するようにみえる。ところが，それらは会話の効率上，有用であっても，思考的には「正しくない」のである。しかも私たちが，こうした心的因果律の制作や使用が間違っていることに気づくことは困難なのである。

これに対して，筆者は，応用行動分析（ABC分析）から実存的一回性の因果律，すなわち「現状はAであるが，行動Bによって現状Aを結果Cへと『変化』させる」という思考形式を抽出し，それを「当事者の思考指導」の中核に据えた。当事者は，この因果律を用いて自らの問題行動（たとえば，不登校）や心の問題（対人関係の不調）について理由分析（メリット／デメリットの分析と選択理由の究明）を行うことで初めて，自らの行動を選択・決定する主体であることができる。ただ，当事者が最初から一人で「正しい」心的因果律や理由律を制作・使用することは，難しい。そこで，理由分析を用いて思考指導を行うことのできる支援者が不可欠となる（この中には，支援者という存在そのものが，当事者にとって問題行動を改善できるキーパーソンになることも含まれている）。

こうして，当事者は，支援者から思考指導を受けつつも，「正しい」心的因果律や理由律を用いて自らの問題行動の理由分析をすることで問題は改善されるのではないかと考えられる。

一方で，当事者の思考指導は，改良に改良を重ねていったことで，複雑な技術体系と化した心理療法そのものを，個々の人たち（当事者）が日常的な思考によっていつでも行える等身大のものに転回できるのではないか。もっというと，筆者は，思考指導・論の構築によって脱心理学・心理療法を目指している。思考指導の法則は，再三にわたって述べてきた，真正の因果律と理由律であるが，それは，心理療法が認知行動療法という終着点に辿りつき，終焉を迎えつつあるいま，私たちの誰もがいつでもどこでも，しかもカジュアルに取り組むことのできる思考媒体なのである。思考指導は，心理療法終焉の後に実践されるべき，行動療法由来の実践法である。

以上述べてきたように，本書は，因果律とは何かを基本的に問い直しつつ，「正しい」因果律と理由律およびその制作・使用仕方を見出す中で，真正の心的因果律を構築してきた。「正しい」心的因果律の構築は，会話の効率性を優先するあまり軽視してきた，「思考したことを忠実にかつ正確に言葉に表現すること」の重要性を私たちにあらためて気づかせてくれるのである。

最後に，理由律も含め心的因果律の分類と，それを査定したものを，表に再掲することにしたい。

① **理由律**	思考に忠実であるとともに，会話の効率上でも有用なもの
②**「正しい」因果律**	思考に忠実であるが，会話の効率上，問題のある因果律 ※情動（怒る・泣く・笑うなど）の因果律も含む
③**「正しくない」因果律**	思考上，正しくないが，会話の効率上，有用な因果律
④ **ニセの因果律**	呪術的因果律（非合理な因果律）

文 献

Create Media　1997　『日本一醜い親への手紙』メディアワークス。

石田　淳　2016　『続ける技術』あさ出版。

岸見　一郎　2010　『アドラー人生を生き抜く心理学』NHK 出版。

黒沢幸子・森俊夫　2002　『解決志向ブリーフセラピー』ほんの森出版。

中井　孝章　2010　『教育臨床学のポストモダン』日本教育研究センター。

中井　孝章　2015　『〈心の言葉〉使用禁止！――アドラー心理学と行動分析学に学ぶ――』三学出版

中井　孝章　2020　『認知行動療法からの転回』日本教育研究センター。

Nuber,U.　1995　**Der Mythos vom Fruhen Trauma：Uber Macht und Einfluss der Kindheit**, S.Fischer Verlag. (U.ヌーバー，丘沢静也訳『〈傷つきやすい子ども〉という神話――トラウマを超えて――』岩波書店，1997 年。)

Offer,D.　1973　**The Psychological World of the Teen-ager**, Basic Book.

Ramnero,J, Torneke,N.　2008　**The ABCs of Human Behavior : Behavioral Principles for the Practicing, Clinician**, New Harbinger Publications. (J.ランメロ・N.トールネケ，武藤崇・米山直樹訳『臨床行動分析の ABC』日本評論社，2009 年。)

佐藤　典雄　2016　『療育なんかいらない！』小学館。

島宗　理　2014　『使える行動分析学――じぶん実験のすすめ――』筑摩書房。

杉山　尚子　2005　『行動分析学入門――ヒトの行動の思いがけない理由――』集英社。

鈴木　浩二　1983　『家族救助信号』朝日出版社。

高山　守　2010　『因果論の超克――自由の成立にむけて――』東京大学出版会。

高山　守　2013　『自由論の構築――自分が自身を生きるために――』東京大学出版会。

遊佐安一郎　1984　『家族療法入門――システムズ・アプローチの理論と実際――』星和書店。

心の因果律・理由律に関する拙著（文献と一部重複）

中井　孝章　2014　『病因論の呪縛を超えて――アドラー心理学と行動分析学を繋ぐ――』日本教育研究センター。

中井　孝章　2015　『[心の言葉] 使用禁止！――アドラー心理学と行動分析学に学ぶ――』三学出版。

中井　孝章　2017　『驚きの因果律あるいは心理療法のディストラクション』大阪公立大学共同出版会。

中井　孝章　2017　『心の理由律と当事者の心理療法』日本教育研究センター。

中井　孝章　2018　『因果律と心理療法』デザインエッグ社。

中井　孝章　2019　『認知行動療法からの転回――素朴心理療法の構築――』日本教育研究センター。

中井　孝章　2019　『因果律の推察と臨在感の呪縛――“もうひとつの”因果律の正体――』日本教育研究センター。

中井　孝章　2022　『心の因果律・理由律』デザインエッグ社。

あとがき

本書は，2023年，デザインエッグ社から刊行された『心の因果律・理由律』をベースに大幅に書き直したものである。同書の刊行にあたって紹介文を執筆したが，それに大幅の修正を加えた上で，次に掲載したい。

一般に，因果律は，私たちが不確定もしくは不安な状況に置かれたときに制作される日常的な思考である。そうした因果律は，普通，「AだからBになる」（記号で示すと，「A → B」）となる。「A → B」は，常に「過去－現在」の時間形式で表される。ところが，こうした因果律は，D.ヒュームからすると，私たちが習慣によって身につけた憶測（思い込み）にすぎない。ニュートンの逸話で有名な，「木からリンゴが落ちる」現象ひとつを引き合いに出しても，私たちが長期的に連続する自然現象を観察するならば，リンゴが落下するのを何度も目撃することができる（恒常的随伴）。だからこそ，因果律は習慣（慣れ）なのだ，と。

確かに，ヒュームの見解は，自然現象に当てはまるようにみえる。

ところが，私たち人間の心についてはどうであろうか。むしろ，私たち人間の心に対して，自然現象よろしく，「A → B」という因果律を適用することは，「正しくない」と考えられる。

そこで筆者が思いついたのが，「A → B」と示される因果律に取って代わり得るものである。この「正しい」因果律については，再三再四，本論で述べたように，実存的一回性の原則のもと，応用行動分析（ABC 分析）から抽出される因果律，すなわち「現状はAであるが，行動Bによって現状Aを結果Cへと『変化』させる」という思考形式，「A → B」&「B：A → C」である。

重要なのは，「B：A → C」に示されるように，Bという行動によってAの状態からCの状態へ変化させること，しかもその変化によって行動主体自身も変化するということである。

とりわけ，心についての因果律（＝心的因果律）は，これまで，「A → B」という「正しくない」因果律（思考法）をベースとしながら，「能力がないから勉強ができない」，「自信がないから公の場で話せない」，「やる気がないから宿題ができない」等々というように，「～だから……である」という定型（フォーマット）に当てはめ，この「～」の中に，知・情・意にかかわる「心の言葉」の否定形（「能力・教養がない」，「自信がない」，「やる気がない」）および心の言葉を抽象化した心理学概念の否定形（「自尊心が低い」・「自己肯定感が低い」等々）を挿入してきた（これは，二重三重の誤謬である）。

確かに，心の言葉に基づくこれらの心的因果律は，会話では通用するようにみえる。ところが，それらは会話の効率上，有用であっても，思考的には「正しくない」，それに加えて，それらが他者に向けて語られるとき，他者を避難・中傷するラベリングと化してしまうのである。

それに対して，筆者は，前述したように，実存的一回性の原則のもと，「B：A → C」という「正しい」心的因果律およびそれを探究する過程で要請されてくる理由律，すなわち「どうしても～したい」という思いから「……した」（理由／帰結）を，当事者（エージェント）が自ら問題行動を解決する思考指導の中核に据えた。当事者は，この因果律・理由律を用いて自らの問題行動（不登校など）や心の問題（対人関係の不調）について理由分析（メリット／デメリットの分析と選択理由の究明）を行い，いわば選択・決定主体となって，問題解決に向かうのである。ただ，当事者が最初から一人で心的因果律を用いて理由分析を行うことは困難であることから，最小限，思考指導をする支援者が不可欠である。

以上のように，本書では，因果律とは何かを根本的に問い直しつつ，「正しい」心的因果律および（心についての）「理由律」を構築してきた。「正しい」心的因果律・理由律の構築は，会話の効率性を優先するあまり軽視してきた，〈思考を言葉に忠実に表現（＝言語化）すること〉の重要性を，私たちにあらためて気づかせてくれるのである。

筆者が提唱する「正しい」因果律，特に心的因果律・理由律は，私たちが自らの思考を忠実に言語化する過程で制作されてくるものであり，それ以上でそれ以下でもない。

それにしても，これまで「A → B」と示される一般の因果律がバイアスとなって，どれだけ私たちの思考をミスリードしてきたことか。その負の影響は計りしれない。いまこそ，そのバイアスに気づき，「正しい」因果律を制作することは，思考の健全化に向けての第一歩になるのではなかろうか。

本書をもって，一連の，心の因果律・理由律関連の研究は終了し，新たな研究課題（たとえば，学校知における生徒の記号接地問題）に立ち向かうことにしたい。

令和六年一月二十日

筆 者

著者略歴

中井孝章（なかい たかあき）
1958年大阪府生まれ。現在，大阪公立大学生活科学研究科教授。学術博士。

主著：『学校知のメタフィジックス』三省堂／『学校身体の管理技術』春風社
単著（〈2010年〉以降）：
『子どもの生活科学』日本地域社会研究所＋hontoから電子ブック刊行
『配慮（ケア）論』大阪公立大学共同出版会
『忘却の現象学』，『イメージスキーマ・アーキテクチャー』，『無意識3.0』三学出版
『空間論的転回序説』大阪公立大学共同出版会
『教育臨床学のシステム論的転回』大阪公立大学共同出版会
『〈心の言葉〉使用禁止！―アドラー心理学と行動分析学に学ぶ―』三学出版
『カウンセラーは動物実験の夢を見たか』大阪公立大学共同出版会
『驚きの因果律あるいは心理療法のデイストラクション』大阪公立大学共同出版会
『防衛機制を解除して解離を語れ』大阪公立大学共同出版会
『脱感作系セラピー』【脳・心のサイエンス1】日本教育研究センター
『離人症とファントム空間』【脳・心のサイエンス2】日本教育研究センター
『頭足類身体原論』大阪公立大学共同出版会＋日本教育研究センターから頭足類身体シリーズ刊行
『ケア論Ⅰキュアとケア』『ケア論Ⅱマザリング』『ケア論Ⅲ当事者研究』日本教育研究センター
『〈子どもが「指導」に従いながら同時に「自立」する〉教育の可能性』デザインエッグ社
『カプグラ症候群という迷路』【脳・心のサイエンス3】日本教育研究センター
『進化するシンローグ：共話と協話』日本教育研究センター
『スマートフォン依存症の正体：オンライン後の「子ども」たち』日本教育研究センター
『生存のための身体信号（ソマティックマーカー）』【脳・心のサイエンス4】日本教育研究センター
『〈狂い〉を生きられる子ども：なぜ3歳未満の乳幼児に注目するのか』デザインエッグ社
『憑依と背後の身体空間』【脳・心のサイエンス5】日本教育研究センター
『頭足類身体の自在圏』【頭足類身体シリーズ・完結編】日本教育研究センター
『「道徳は教えられない」の進化教育学』日本教育研究センター
『注意散漫と注意集中の人間学』日本教育研究センター
『ノンモダンとしての経験学習：対応説としての学校知を超えて』日本教育研究センター
『純粋欲望機械としての乳児／幼児』日本教育研究センター，等

思考指導の要請 [圧縮版]
：「心理学・心理療法」終焉（デフォルト）の後に

2024年　3月　18日　　初版発行
著者　　中井孝章
発行者　　岩田弘之
発行所　　株式会社　日本教育研究センター
〒540-0026　大阪市中央区内本町2-3-8-1010
TEL.06-6937-8000　FAX.06-6937-8004
https://www.nikkyoken.com/

★定価はカバーに表示してあります。乱丁・落丁本はお取り替えいたします。
ISBN 978-4-89026-229-8　　C3037　　Printed in Japan